D1656759

Katharina Michel-Nüssli

Sommersprossen
und Kondensstreifen

Miniaturen, Gedichte, Kurzgeschichten

Bibliografische Information der Deutschen Nationalbibliothek:
Die Deutsche Nationalbibliothek verzeichnet diese Publikation in
der Deutschen Nationalbibliografie; detaillierte bibliografische
Daten sind im Internet über http://dnb.dnb.de abrufbar.

© 2021 Katharina Michel-Nüssli

Lektorat: Miriam Waldvogel, www.die-schreibmaschine.ch
Korrektorat: Miriam Waldvogel, www.die-schreibmaschine.ch
Grafische Beratung: Belinda Kurmann
Illustrationen: Lea Frei www.leafrei.com

Herstellung und Verlag: BoD – Books on Demand, Norderstedt

ISBN: 978-3-754-32791-3

Sommersprossen und Kondensstreifen

Inhalt

Vorwort 9
   Geschichten am Weg 9
Menschliches 11
Sommersprossen 14
Blitzlicht 16
Vom Lebensmut des Richi S 17
Wanderer in Rot 19
Pablo 21
Auffahrtsbrücke 23
Rorschach Hafen 24
Gruppentherapie 25
Nachwuchsspiesser 27
Vater hat's geschafft 28
Der wahre Trennungsgrund 30
Das Zeugnis 31
Gastgeber 32
Aufleuchten 36
Nachtbus 37
Logis 38
Abendgespräch 42
Lebens-Mittel 45
Rössli 46

Einkaufen	48
Junger, aparter Herr	49
Personalnotstand	52
Beim Friseur	53
Rastlose Wanderung	54
Der Ingenieur	55
Diskrete Verabschiedung	57
Lebens-Inhalt	58
Pandemisches	61
Sommeri-Wurm	62
Corona-Himmel	66
Plexiglas	67
Kontrolle vs. Desinteresse	68
Ruhe vor dem Sturm	70
Eine verlorene Geschichte	71
Ländliches	73
Bundesfeier	74
Dialekt	77
Quelle	78
Töss	79
Das Ende einer Flucht	81
Der Drogist	82
Heimat?	83
Land-Spaziergang im November	84

Magisches 87
Gartenfest 88
Die Voliere 90
Die Wunderblume 92
Begegnung im Mondwald 94
Amandas seltsame Heimkehr 96

Philosophisches 99
Hierarchien 100
Creme-Schnitt-en-Ge-Schicht-e 102
Altersweisheit 103
Nachruf 104
Die Ente 105
Organigramm 106
Dazugehören 107
Kräftige Wurzeln, schlank vernetzt 108
Seelenverwandtschaft 109
Die Farben der Wochentage 110
Abbrüche 112

Nachdenkliches 115
Quasselstrippe 116
Stille Begleitung 117
Im Alter 118
Der letzte Sonnenuntergang 119
Innen und aussen 120

Die weinende Frau	123
Feierabend	124
Schliessliches	125
Zwei ungleiche Hälften	126
Macht	132
Die Midlife Crisis des Peter G	135
Ehekrise	139
Später vielleicht	140
Nachwort	144

VORWORT

Geschichten am Weg

Mit wachen Augen, offenem Herzen und empfindsamem Gespür ist Katharina unterwegs. Nimmt die Menschen ihrer Umgebung nicht oberflächlich wahr. Sie erkennt in jedem und jeder die einzigartige Persönlichkeit mit ihrer einzigartigen Geschichte. Oft sind es Männer, Frauen, Jugendliche und Kinder, die kaum ins Rampenlicht kommen.

Die Geschichten von Richi S. und seinem Lebensmut, vom Drogisten mit verkürztem Bein, der plötzlich verstarb, oder vom Vierzehnjährigen, der nach schwierigen Zeiten den Rank doch noch findet, alle berühren. Sie berühren auch, weil wir alle Menschen mit solchen Geschichten kennen. Es gibt aber auch immer wieder Momente zum Schmunzeln! So die Philosophie der Ente: «Der Tag wird bringen, was er eben bringt.»

Nicht nur in Geschichten gibt Katharina Menschen ein Gesicht, die sonst wohl kaum wahrgenommen würden, auch in ihrem Beruf unterstützt sie junge Menschen auf ihrem Weg zu ihrer ureigenen Geschichte. Selbstvertrauen sollen sie lernen und die Überzeugung, dass sie und ihre Geschichte einzigartig sind. Solche Erfahrungen der Berufsfrau übertragen sich auf die Autorin.

Kostbare Miniaturen würde ich sie nennen, diese Geschichten, die das Leben in seiner ganzen Farbigkeit beschreiben.

Ruth Rechsteiner

MENSCHLICHES

Sommersprossen

Mit einem entschlossenen Ruck wurde der lange weisse Vorhang hinter der Balkontür zugezogen. Die Leichtigkeit der Bewegung liess auf eine Frau in den Dreissigern schliessen. Es war am frühen Samstagmorgen. Er war der einzige Besucher des Parks, der an den neuerbauten Wohnblock grenzte. Als er an der Fassade hochblickte, stellte er fest, dass etwa die Hälfte der Rollläden geschlossen war. Das beruhigte ihn ungemein, es gab ihm das Gefühl, einen Vorsprung zu haben gegenüber all den Langschläfern. Und er glaubte sich weniger beobachtet. Die unbedeckten Fenster waren wie Augen, die auf ihn herunterschauten. Er wollte für sich sein. Mit sich und seinen eigenen Gedanken.

Unter dem Schatten der Blutbuche legte er sich auf eine Bank, atmete tief aus und schaute in die Krone, die ihn wie ein mächtiger Schirm beschützte. Er fühlte sich geborgen. Die Welt blieb draussen, die Angst vor dem Wochenende, dessen Ereignislosigkeit ihm bedrohlich vorkam, ermattete. Die Leere konnte nicht in sein Gemüt eindringen.

Ob die Frau hinter dem Vorhang Sommersprossen hatte? Man müsste sehr nahe hingehen, um das festzustellen, unhöflich nahe. Rötlichblonde Haare hatte sie bestimmt. Sie musste hübsch sein, und selbstbewusst, das Tuch hatte sich so anmutig vor das Fenster geschwungen, bevor es sich sanft der Trägheit ergab. Er sieht sich mit einer Blume – im Park wachsen jede Menge davon – an der Eingangstür des Wohngebäudes warten, bis jemand herauskommt, und er dann schnell hineinschlüpfen kann. Hochparterre, mittlere Tür, es kann nicht anders sein. Er klingelt. Sie öffnet, lächelt mit ihrem Stupsnäschen. Weil er so nahe zu ihr hintritt, um sich zu vergewissern, ob sie wirklich Sommersprossen hat, spürt er ihren Hauch über sich hinweg wehen. Hinter ihr hebt sich der weisse Vorhang vor dem Balkon, schwebt davon und legt sich tröstlich auf den Träumenden.

Blitzlicht

Der Bleistift kritzelt über das Papier. Radiergummi und Spitzer liegen in Reichweite. Das Auge will nicht gelingen. Wie ungelenk ihre Hand geworden ist. Einst war sie die zweitbeste Zeichnerin der Klasse. Ihr glückte jedes Porträt. Die Modelle hatten sich ausnahmslos wiedererkannt. Einige Skizzen liegen in ihrer alten Zeichenmappe. Weder aufgehängt noch weggeworfen. Sie fristen ihr Dasein im Schatten, um in wenigen tageslichten Momenten die Genugtuung ihrer Schöpferin zu erneuern. Jung waren sie damals gewesen. Noch nicht einmal zwanzig. Wie sie sich wohl verändert haben? Die Haare, die Falten, die Körperformen? Nur die Augen altern nicht. Sie glänzen, sie leuchten. Besonders diese Augen. Keine Zeichnung, kein Foto besitzt sie, nur die Erinnerung. Ausgelöst durch diese banalen Akkorde heute Morgen beim Bügeln. Sie stellt das Radio lauter und dann ab, damit die Töne in ihr nachklingen können. Der Hit ihrer ersten Schülerparty. Immer wieder diese Melodie, Patschuli im Übermass, sie glaubt es wieder zu riechen. Im Blitzlicht des Stroboskops wirkten noch die unbeholfensten Tänzer attraktiv. Sie legt das Bügeleisen weg. Natürlich ist die Musik primitiv. Der Unerreichbare ein normaler Junge. Vielleicht ist er dick geworden. Egal. Sie legt sich bäuchlings aufs Bett und gibt sich den Erinnerungen hin. Ein süsses Kribbeln durchrinnt ihren Körper, verliert sich und lässt sie zurück einem leisen Gefühl des Bedauerns. Sie sieht ihre Finger, wie sie sich ans Kopfkissen klammern. Kein Wunder, dass ebendiese Finger keine Zeichnung mehr zustande bringen, die sie zufriedenstellt.

Vom Lebensmut des Richi S

Ein alter Mann. Wie unnatürlich schief er an den Krücken steht, draussen vor dem Physiotherapiezentrum. Sicher wartet er auf ein Taxi. Seine blauen Augen leuchten aus dem charmant unrasierten Gesicht, dessen Lächeln den freundlichen Ausdruck ein Leben lang geprägt zu haben scheint. Jetzt erkenne ich Richi.

Es war mehr als eine Hüftoperation. «Mein halbes Becken ist weg.» Ich habe Hemmungen, mir das bildlich vorzustellen. Als wir noch zusammenarbeiteten, hatte er einen Tumor in den Nieren. Er kam nach der Operation gerne zurück an den Arbeitsplatz, mit der gleichen zugewandten Art wie zuvor, verlor kaum Worte über den Eingriff, war wieder da für die Jugendlichen in der Lernwerkstatt. Nach der Pensionierung widmete er sich seinen alten Fahrzeugen und rüstete sie auf für einen Trip nach Afrika. «Magst du so lange stehen?», frage ich ihn. «Kein Problem», meint er. «Ich gehe jeden Tag spazieren.»
Trotz regelmässiger Untersuchungen hat man erst spät entdeckt, dass sich in seinem Hüftgelenk ein neuer Tumor mit Ablegern gebildet hatte. So blieb nur noch die Brachialmethode: die teilweise Entfernung des Knochens. «Jetzt werde ich von einer Spezialistin betreut. Sie ist neurologisch ausgebildet und hilft mir, mein Gehirn umzuprogrammieren. Ich muss lernen, mich anders zu bewegen. Sie konnten mich halt nicht mehr anatomisch perfekt zusammenflicken.» Ein Auto hält neben uns an. Durch die heruntergelassene Scheibe strahlt uns eine hübsche Frau entgegen. Sie ist sichtlich erfreut, Richi zu sehen. «Meine frühere Therapeutin», erklärt er. «Ihr habe ich zu verdanken, dass ich wieder gehen kann.»

Richi nimmt den Faden wieder auf. «Nach Afrika fahre ich nicht mehr. Das ist zu umständlich. Jetzt bereisen meine Partnerin und ich Frankreich, ein schönes Land, das ich endlich besser kennenlernen will.» «Du bist ein wahres Stehaufmännchen», stelle ich bewundernd fest. «Weisst du, entweder bin ich tätig oder tot. Der Rollstuhl ist keine Option für mich. Ich habe mir ein E-Bike gekauft. Damit unternehme ich Ausflüge in die Umgebung. Den Motor schalte ich aber nur bei Steigungen ein. Das Radfahren ist gut für den Rücken. Es macht mich wieder symmetrischer», schmunzelt er. «Wartest du auf jemanden, oder halte ich dich vielleicht auf?», frage ich ihn, mich wundernd, dass er ebenso viel Zeit zum Plaudern hat wie ich. «Dort steht mein Auto. Ich habe es nicht eilig. Aber du vielleicht?» Er fragt mich nach meinem Befinden, nach meiner Familie, nach meiner Arbeit. Zum Schluss ein rauer Wangenkuss. «Bleib gesund!», ruft er mir nach.

Wanderer in Rot

Wir sind bereits in den Bus Richtung Passhöhe gestiegen, als er mir auf dem Bahnhofplatz ins Auge sticht. Ein breitkrempiger Hut, rotes T-Shirt, rote Shorts, darunter kräftige, braungebrannte Beine in Wanderschuhen. Am Rücken leichtes Gepäck. Wie alt er wohl sein mag? Ich schätze ihn auf Mitte siebzig.

Am Ende unserer Höhenwegetappe lockt eine einfache Alpbeiz zur Einkehr. Da es herbstlich kühl ist, wollen wir uns drinnen aufwärmen. Am Tisch vor dem Eingang sitzt niemand. Da liegen lediglich ein Rucksack und ein breitkrempiger Hut. Bevor wir eintreten, begrüsst uns die mürrische Wirtin, die den Grill im Freien bedient. Wir sind kurz irritiert, weil man die Küche durchqueren muss, bevor man die Gaststube betritt. Da sitzt der illustre Wanderer, den ich im Tal beobachtet habe, vor dem bereits geleerten Glas und unterhält die Anwesenden, allesamt ältere Personen; ein einzelner Mann, der genüsslich Speck kaut, und ein Ehepaar, welches soeben ein dickes Stück heissen Fleischkäse mit wenig Kartoffelsalat serviert bekommt.

Wir bestellen Kaffee, der im Glas gebracht wird, und Schlorzifladen, die lokale Spezialität. Der rot gekleidete Senior erzählt mit geschliffenem Thurgauer Mundwerk von seinen zahlreichen Wanderungen. Obwohl er sich an die anderen Gäste wendet, zieht er mit seinem gewinnenden Wesen auch mich in Bann. Seine vor kindlicher Begeisterung leuchtenden Augen kullern fast aus dem gefurchten Gesicht, die gut erkennbaren Lachgrübchen scheinen allen Stürmen des Lebens getrotzt zu haben. Immer fällt ihm noch eine Geschichte ein, von kulinarischen Sensationen mit selbst gesuchten Steinpilzen in Tessiner Berghütten, von Wetterumstürzen

und heimtückischen Gewittern. Das führt hin zu einer
Fussballmannschaft, die kürzlich beim Training von einem
Blitzschlag getroffen wurde, es soll sogar Verletzte gegeben
haben. Früher hätte man so etwas nie gemacht, bei Gewittergefahr
sei man sofort in die Garderobe geflüchtet. Wer wisse das besser
als er, ehemaliger Juniorenobmann ebendieses Vereins. Der Stolz
lässt seine Stimme beben. Endlich bezahlt er sein Bier,
angemessenes Trinkgeld inklusive. Sorgfältig bindet er sich
ein rotes Schweisstuch um die Stirn und verlässt unverdrossenen
Schrittes die Wirtschaft.

Durch das Fenster sehe ich ihn den Rucksack schultern und
den Hut aufsetzen. Während er entschwindet, räumt die Wirtin
sein Glas weg. «Ach, lassen wir ihn doch reden», brummelt sie.

Pablo

Ein neues Gesicht in der Haushaltabteilung des Warenhauses. Strahlend, mit aufmerksamen schwarzen Augen und einem hellbraunen Lockenkopf, der kaum zu bändigen ist. Etwas Kindliches, gepaart mit vollendeten Umgangsformen, verleiht ihm einen unwiderstehlichen Charme. Verkaufen und Beraten liegen ihm im Blut. «Guten Tag! Darf ich Ihnen etwas zeigen? Bitte, die Wohntextilien sind gleich geradeaus.» Sein Gang drückt Dienstfertigkeit aus. Er führt das Ehepaar in die entsprechende Abteilung, auf die er mit ausgestrecktem Arm hinweist. Mit einem angedeuteten Knicks tritt er diskret in den Hintergrund.

Ich lasse ihn gleich selber zu Wort kommen: «Vor drei Wochen habe ich hier die Lehre begonnen. Sie dauert nur zwei Jahre, ich bin eben nicht der beste Schüler. Wenn ich mich anstrenge, kann ich später das Eidgenössische Fähigkeitszeugnis erwerben. Aber eins ums andere. Sie können sich kaum vorstellen, wie glücklich ich war, als ich die Stelle gekriegt habe. Ich habe extra in meiner Freizeit geschnuppert. Das hat Eindruck gemacht. Früher wäre mir das nie in den Sinn gekommen. Freizeit ist Freizeit, man ist ja nur einmal jung. So dachte ich. Hausaufgaben interessierten mich nicht. Heute weiss ich, dass man auch an die Zukunft denken muss. Ich habe Freunde, die hängen jetzt rum. Am Anfang ist es vielleicht noch cool, ausschlafen und zocken. Aber ich verdiene jetzt mein Geld selber. Und ich gehöre zu einem Team. Die Schule ist gar nicht so schwer. Alle Lehrerinnen und Lehrer sind nett, und es gibt gratis Stützkurse. Überhaupt hatte ich Glück mit den Lehrpersonen. Mit meiner Unterstufenlehrerin bin ich heute per Du. Sie fährt Velo wie ich. *Hallo Claudia,*

rufe ich, wenn ich sie sehe. Sie arbeitet immer von Mittwoch
bis Freitag. Das war schon immer so. Am Montag kommt sie oft
ins Einkaufszentrum. Eine super Kochlehrerin hatte ich auch.
Sie hat mir Tischmanieren beigebracht. Bei uns zu Hause
schmatzen alle beim Essen. Dank ihr weiss ich es besser und kaue
mit geschlossenem Mund. Das ist viel gepflegter. So kann ich
punkten, wenn ich mal ein Date habe. Leider sehe ich viel jünger
aus als ich bin, dabei werde ich achtzehn! Da staunen Sie, was?
Mit meiner Familie habe ich nicht so viel Glück.
Meine kleine Schwester ist eine Nervensäge, aber so ist das halt
mit Geschwistern. Es stresst mich, dass sie fast so gross ist
wie ich. Bessere Noten hat sie auch. Die schönsten
Kindheitserinnerungen habe ich von meiner Nonna. Sie hat mich
aufgezogen. Mit ihr konnte ich über alles reden. Vor zwei Jahren
ist sie plötzlich gestorben. Es ist vielleicht unanständig, wenn
ich das sage, aber sie hat sich einfach aus dem Staub gemacht.
Ich nehme vieles persönlich, das ist eine Schwäche von mir.
Impulsiv bin ich auch. Wenn ich früher kritisiert wurde, habe ich
gleich meine Hände verworfen – so, die Handflächen nach oben,
mit gestreckten Armen – *wa wottsch, gang hei*, sagte ich. Im Laden
muss ich höflich sein, auch wenn die Kunden reklamieren.
Daran arbeite ich jetzt. Ich will ja nicht irgendein Verkäufer sein,
sondern *the best in town*.»

Auffahrtsbrücke

Es ist nicht Sonntag und auch kein Werktag. Das Grau der Bahnhofunterführung, die ins Städtchen führt, scheint heute in zartes Hellblau gehüllt. Die Menschen sind langsamer und entspannter als sonst. Ein kleines Mädchen mit blonden Zöpfen hüpft an Vaters Hand. Kaum merklich führt sie mit ihrer kleinen Hand die grosse an ihre Lippen und küsst sie blitzschnell. Überrascht schaut der Vater zu seiner Begleiterin hinunter und guckt in ein strahlendes, gerne ertapptes Augenpaar.

Rorschach Hafen

Samstagnachmittag am Hafen. Der See liegt in sanftem Dunst, gesättigt vom opulenten Sommer. Das träge Glitzern der Wellen verzaubert die Menschen, die ob der behaglichen Stimmung unverhofft innehalten.

Neben dem alten Hafenkran steht ein Klavier. Es ist bunt verziert und stellt den fröhlich karierten Elmar dar, den bekannten Kinderbuchelefanten. Ohren, Rüssel und Schwanz sind gut erkennbar angebracht. Der Deckel über den Tasten ist offen und lädt zum Musizieren ein.

Eine ältere Dame nähert sich und setzt sich auf den Klavierstuhl. Sorgsam platziert sie Notenblätter auf der dafür vorgesehenen Ablage und entlockt dem Instrument ein paar Akkorde. Neben ihr stellt ein ebenso betagter Herr eine Tasche auf die Mauer, öffnet sie, wühlt darin herum und hält alsbald ein Stück Querflöte ins Sonnenlicht. Umständlich gräbt er den zweiten und dritten Teil der Flöte aus und steckt sie zusammen. Jetzt kann es losgehen. Bereits stehen ein paar Passanten erwartungsfroh still.

Die beiden Alten setzen zum Spielen an. Etwas zitternd, dann immer sicherer werdend, verschenken sie leichte und fröhliche Melodien an die Menschen. Es mutet an, als verwandle Elmar seine bunten Quadrate in Töne, welche wie vorzeitige Herbstblätter über den See und den Platz entschweben. Einige von ihnen verfangen sich in den Herzen der Zuhörenden. Das Leben kann weitergehen.

Gruppentherapie

Sie versuchte aus seinen Gesichtszügen herauszulesen, wie er als Junge ausgesehen hatte. Manch hübsche Kinder wurden als Erwachsene potthässlich oder zumindest unsympathisch. Sie verloren ihren Liebreiz. Wenn man als Kind zu schön ist, zerbricht man an den hohen Erwartungen. Einige sehr attraktive Erwachsene hingegen waren unscheinbare graue Mäuse oder Pummelchen gewesen, sie wurden auf dem Pausenplatz gemieden oder ausgelacht. Sie hatte mal gelesen, dass man ab fünfzig für sein Gesicht selbst verantwortlich ist.
Sie mochte ihm nicht in die Augen schauen. Er hatte keine Gegenwart. Seine Vergangenheit verlor sich in Vermutungen. Seine starken tätowierten Arme zogen sie an. Die Gruppe im Sitzkreis schwieg. Die leitende Therapeutin wartete. Jetzt ergriff er das Wort. Zitternd. Er sei ein Kämpfer. Ohne Ausbildung, ohne seine Eltern je gekannt zu haben. Dass er einen Zusammenbruch erlitten habe. Auf einmal sei alles zu viel geworden. Dabei hätte er es wissen müssen, es war nicht sein erstes Burnout.

Sie erschrak, weil sie davon ausgegangen war, so etwas widerfahre einem höchstens einmal im Leben. Sie war hier in der Klinik, weil sie sich ebenfalls von einem Burnout erholen sollte.
Diese Hölle wollte sie nicht nochmals durchmachen.
Lieber sterben. Sie war wohlbehütet aufgewachsen, Papas Liebling. Geld war im Überfluss vorhanden. Ihr Mädchentraum, sich von einem reichen Prinzen verwöhnen zu lassen, hätte eine schmerzlose Fortsetzung ihres jungen Lebens bedeutet. Der harte Aufprall in der Realität der Arbeitswelt machte sie empfänglich für diesen heimatlosen Menschen, an dem sie früher achtlos vorbeigegangen wäre. In diesem Moment erinnerte sie sich

an ihre Jugendfreundin, die heute irgendwo in Afrika kranke Menschen pflegte, ja sie beneidete sie um ihre Aufgabe. Erstmals seit Langem empfand sie wieder ein starkes Gefühl. Eine Mischung aus Wut, Scham und Reue. Da sie nichts zu verlieren hatte, bat sie ihn in der Pause um eine Zigarette.

Nachwuchsspiesser

Beide sind jung, sie wohnen gemeinsam im properen Haus seiner Eltern, die ihrerseits auf dem Nachbargrundstück eine neue Bleibe gebaut haben, mit freier Sicht auf den Garten, der ihnen ein halbes Leben lang Ort des Rückzugs und der Entspannung gewesen war. Am Briefkasten prangen neu zwei Anfangsbuchstaben vor dem bekannten Familiennamen. Vorher war nur Platz für den voll ausgeschriebenen Namen des Familienoberhauptes gewesen. Partnerschaftlich knien die jungen Eheleute an diesem Novembertag auf den Schottersteinen und entfernen alles Störende sprich Organische. Dann kommt der Laubsauger zum Einsatz. Er dröhnt durch den Nachmittagsfrieden. Über den feineren Schotter haben sie ein Netz gebreitet, damit sich dort keine Ahornblätter niederlassen und in Humus verwandeln. Die wenigen Gehölze sind akkurat auf Mannshöhe gestutzt. Zur Perfektion fehlt noch eine Palme, die im Winterhalbjahr in ein kunstvoll drapiertes Plastikzelt gehüllt ist. Sie ist vielleicht auf nächstes Jahr geplant. Nach getaner Arbeit werfen sie sich in angestrengter Fröhlichkeit gegenseitig einen Gartenhandschuh zu, ein wenig wird gelacht, im Nacken stets die Möglichkeit des (schwieger-)elterlichen Blicks.

Ahnt die junge Frau, auf welche Zukunft sie sich einlässt? Sie ist gut ausgewählt, gross und schlank, wie alle in dieser Sippe, und hat eine solide Ausbildung. Ihre Energie wird sie in einen keimfreien Haushalt und in wohlgeratene Kinder investieren – so wie ihre Schwiegermutter, seit Jahren die perfekte Begleiterin des Patrons, Arbeitgeber des halben Dorfes. Trotz der aristokratischen Attribute einer gebildeten und stets geschmackvoll gekleideten Dame haben ihr vierzig Jahre Putzen und Kochen einen bitteren Ausdruck in die Augen und um den Mund gezeichnet.

Vater hat's geschafft

Ich bin vierzehn. Als ich vorher an meinem früheren Primarschulhaus vorbeiging, spielten dort Kinder Verstecken. Das erinnerte mich an meine Kindheit. Wir rannten um die halbe Stadt, um uns zu verstecken. Mich fanden sie fast nie. Es war die grosse Freiheit. Am Abend kam ich spät nach Hause. Meine Eltern sagten nichts. Sie geben mir alles, ich muss mich nicht anstrengen.

Letztes Jahr habe ich ziemlich viel Scheisse gebaut. Entsprechend mies war mein Zeugnis. Als mein Vater jung war, machte er Ferienjobs, zum Beispiel Rasen mähen bei alten Frauen, dafür bekam er zwanzig Franken. Ich habe sein Zeugnis gesehen. Wow, seine Noten sind um Welten besser als meine. Meine Grossmutter war eben streng. Sie nahm die Schulbildung ihrer Kinder sehr ernst. Sie ist überhaupt die Schlauste in unserem Vierfamilienhaus. Wir sind alle verwandt miteinander. Meine Grosseltern kamen aus Mazedonien. Ihre Kinder, also mein Vater und seine ältere Schwester, haben zuerst dort gelebt. Die Schule besuchten sie dann in der Schweiz. Ein Hin und Her. Mein Vater eiferte immer seiner Schwester nach. Er reparierte ihr Mofa, bevor er selber fahren durfte. Beim Führerschein hält er einen Rekord. Er kam in die Zeitung, weil er nur vier Fahrstunden brauchte, um die Prüfung zu bestehen. Den Zeitungsausschnitt hat er bis heute aufbewahrt. In der Lehre war er auch erfolgreich. Ich passe jetzt besser auf in der Schule. In Fremdsprachen bin ich nicht schlecht. Ist ja auch nicht schwer, man muss einfach die Wörter lernen. Vielleicht nützt es mir später, ich weiss es nicht. In Mathe bin ich nicht gerade ein Star, das ist ja auch schwieriger, aber als Logistiker müsste man da gut sein. Der Beruf würde mir schon gefallen. Ich bin einfach zu faul zum Lernen. Mein Vater hat es

besser gemacht. Einige meiner Kollegen sind abgestürzt.
Sie rauchen und hängen am Bahnhof rum. Ich rauche nur ab
und zu Shisha, wenn ich in Mazedonien bin. In der Schweiz
mache ich das nicht; wenn die Polizei mich erwischt, gäbe das
unnötigen Stress. In unserer Religion sollte man ohnehin nicht
rauchen.

Einer meiner besten Freunde wird von der Schule geschmissen.
Timeout oder so. Ob das hilft? Er muss schon etwas Gröberes
angestellt haben, die Lehrerin mit Gegenständen abgeknallt,
Velos geklaut und sonst was, ich will es gar nicht wissen.
Das ist einfach nur dumm. Er ist ein lieber Kerl, aber ich glaube
nicht, dass er die Kurve kriegt. Zu viele Probleme. Sein Vater
ist verschwunden, seine Mutter hasst ihn. Ich bekomme immer
alles von meinen Eltern, darum strenge ich mich nicht an.
Immerhin kann ich mein Velo selber reparieren, und mein Vater
kennt sich aus mit Autos. Er ist schon ziemlich schlau. Also jetzt
gebe ich Gas, wenigstens habe ich nicht mehr so viele Einträge
wegen Verstössen, und in der Schule schwatze ich weniger herum.
Wir haben eine neue Sitzordnung. Es wird immer ausgelost, wer
neben wem sitzt. Zum Glück habe ich den Namen eines guten
Freundes gezogen. Das motiviert mich, ich kann keine Langweiler
neben mir haben. Ich sorge dafür, dass wir nicht getrennt werden.
Also: Konzentration! Mein Vater würde sich schon freuen, wenn
ich bessere Noten hätte. Bald kann ich in einer Transport-Firma
schnuppern. Dort arbeite ich dann mit dem Lehrling zusammen,
er ist cool. Ich muss Spass haben bei der Arbeit.

Der wahre Trennungsgrund

«Du hast jetzt ein paar Wochen als Stellvertretung hier gearbeitet und machst einen vertrauenswürdigen Eindruck. Morgen verlässt du uns. Ich möchte dir etwas erzählen, denn du bist die Einzige in diesem Team, die meinen Ex-Partner nicht kennt. Ich muss es einfach loswerden. Nimm meine Mitteilung zur Kenntnis und behalte sie für dich. Wir waren das perfekte Paar. Beide intelligent, sportlich, engagiert, und er ist ein sehr attraktiver Mann.
Überall waren wir gern gesehene Gäste. Niemand in unserem Bekanntenkreis versteht, warum ich meinen Partner verlasse. *Was ist los? Du findest keinen Besseren. Versuch es nochmals.* Das bekomme ich von wohlmeinenden Menschen zu hören. Ich verschweige ihnen den Grund. Es klappte nicht mit dem Sex. Genau gesagt, er kriegte ihn nur hoch, wenn er eine Seidenbluse in seinen Händen hielt. Er *sammelte* Seidenblusen. *Das kriegen wir schon noch hin*, vertröstete er mich. Ich glaubte ihm lange. Zwei Fehlgeburten habe ich bereits erlitten. Ist doch klar, dass ein derart zustande gekommenes Kind nicht leben will. Er mochte sich nicht in Therapie begeben. Ich musste mich befreien. Jetzt weisst du es. Ich wünsche dir eine gute Zukunft. Du bist noch jung.»

Das Zeugnis

Letzter Schultag vor den Ferien

Alles abgeräumt

Nach den Ferien weitermachen

Gleiche Lehrerin

Gleiche Klasse

Das Zimmer frei für neue Erinnerungen

Einer wird fehlen

Zieht in eine andere Stadt

Der Abschied fiel schwer

Wie ein letztes Klammern

Liegt vergessen

Sein Zeugnis

Gastgeber

Seit vor zwei Jahren seine Mutter gestorben ist, lebt Hans allein in der Wohnung im zweiten Stock. Immer am Freitagabend kontrolliert er das Grab. Zwölf Minuten Fussmarsch. Bei Schnee nimmt er den Umweg über die Hauptstrasse, dann dauert es 14 Minuten. Hauptsache, weniger als eine Viertelstunde. Am Freitag ist früh Feierabend. Ausstempeln um 16:30 Uhr, in der Migros ein Stück Wähe kaufen für das Abendessen. Es hat zehn Rappen aufgeschlagen. Er zahlt mit einer Zehnernote. Das Rückgeld wird er zu Hause in die Eimalzin-Büchse auf dem Schuhgestell werfen. Die Leute an der Kasse werden ungeduldig, wenn man mit Münzen zahlt. Das macht ihn nervös. Im Briefkasten liegt der Dorfbote. Hans legt die Zeitung auf den Küchentisch, neben den am Morgen bereitgestellten Teller. Um 16:51 Uhr setzt er sich aufs Klo. Sicher ist sicher, das hat Mutter auch immer gesagt. Beim Friedhof hat es zwar eine WC-Anlage, aber die benützt er nur im Notfall. Die Wohnungstür abschliessen. Das Muster der polierten Kunststeintreppe ist ihm seit Kindesbeinen vertraut. Auf dem Zwischenpodest erkennt er darin den Samichlaus. Noch heute ärgert es ihn, dass der Bart asymmetrisch ist. Einmal hat die Hauswartin einen Blumentopf auf die Chlaus-Mütze gestellt. Hans hat ihn dann leicht in die Ecke geschoben, um das unvollkommene, doch vollständige Bild zu befreien. Vermutlich hat sonst noch niemand den Weihnachtsmann in der Steinmusterung entdeckt.

Mit seinem unverkennbaren, leicht schwebenden Gang strebt Hans die Strasse hinunter. Im Quartier weiss jedes Kind, dass es fünf Uhr abends sein muss, wenn er vorbeigeht. Weil er es nicht erträgt, wenn der Hosensaum die Schuhe berührt, musste die Mutter alle seine Hosenbeine auf Knöchelhöhe kürzen.

Durch den knirschenden Kies tritt er an ihre letzte Ruhestätte.
Er hält inne, dankt der Mutter im Stillen für ihre Fürsorge.
Seine Hosen wird er in Zukunft zum Nähatelier neben der
Postautohaltestelle bringen müssen. Auf dem Rückweg grüsst
ihn die Nachbarin freundlich. Er bleibt kurz angebunden.
Um Viertel vor sechs ist Essenszeit ...

... Es ist ein heisser Sommerabend. «Hier muss es sein!»,
ruft Christian seinem Vordermann zu. Michael bremst ab.
Müde und verschwitzt stossen sie ihre Räder die letzten Meter
bergauf und lehnen sie an die gelbe Hauswand. Die beiden sind
mit ihren Velos mehrere Tage unterwegs. Heute werden sie
bei Onkel Hans übernachten. Christian drückt die Klingel.
«Guten Abend, Onkel Hans, wir sind schon da.» Etwas ratlos
stehen die Jungs wenig später in der Küche, während der ältere
Mann sich am Kühlschrank zu schaffen macht. Ein Teller
steht auf dem Tisch. Hans legt ein Rüstmesser, ein Paar Cervelats,
eine Tube Senf und Brot dazu, setzt sich und beginnt die Würste
zu schälen. Akkurat schneidet er sie in Scheiben, versieht jede
mit einem Tupfen Senf. Eine nach der andern verschwindet
in seinem Mund, bei jeder Scheibe schiebt er einen Bissen Brot
nach. Mit dem Zeigefinger tupft er die letzten Brosamen
zusammen und räumt alles ab. Dann verzieht er sich in die Stube
und schaltet den Fernseher ein. Sechs-Uhr-Nachrichten.

Die Besucher werfen sich einen kurzen Blick zu. In stiller
Übereinkunft holen sie aus ihren Rucksäcken die Reste des Tages
und essen alles auf. Während der Werbepause fragen sie
den Onkel, wo sie denn schlafen könnten. In einer Abstellkammer
gräbt dieser zwei verblichene Luftmatratzen und eine
halbkugelförmige Fusspumpe aus einem Regal.

Das Einrichten überlässt er seinen jungen Gästen. Michael wundert sich, dass die Zimmertür nebenan verschlossen ist. «Da schlief meine Grossmutter», klärt Christian ihn auf. «Niemand darf hinein. Mein Onkel sagt, das störe ihre Totenruhe.» «Na dann», meint Michael seufzend, «schlafe ich lieber in der Besenkammer als in einem Geisterzimmer.» Kichernd verkriechen sich die beiden in ihren Schlafsäcken. Am nächsten Morgen rumort der Onkel schon früh. «Aufstehen, ihr Siebenschläfer, um sieben müsst ihr draussen sein. Meine Arbeit beginnt um halb acht.» Schnell packen sie alles zusammen. Das Frühstück holen sie sich in einer Bäckerei. Gestärkt brechen sie zur nächsten Etappe auf.

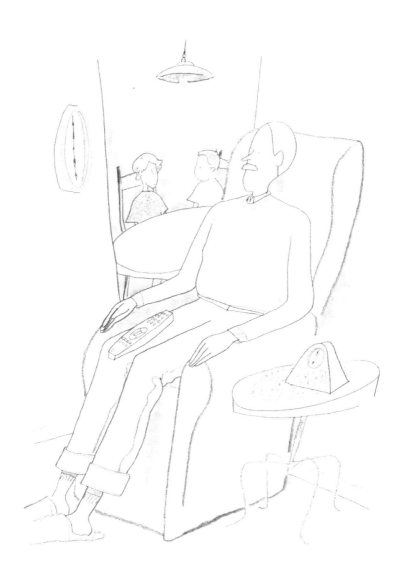

Aufleuchten

Mein Begleiter und ich warten fröstelnd auf den Anschlusszug, jeder geht seinen Sorgen nach. Die Schemen der wartenden Passanten heben sich dunkel von den trüben Vorstadthäusern ab und lassen den jungen Nachmittag düster erscheinen. Die hundertfach gehörte Lautsprecherdurchsage verhallt im Nebel.

Wie ein Schatten wischt eine niedrige Figur an uns vorbei. Unwillkürlich verweilen unsere Blicke auf der wahrhaftig menschlichen Gestalt. Gebeugt, den Kopf auf Kniehöhe nur. Mein Kollege staunt über den eleganten Mantel und die schicke Mütze, die der Frau trotz ihres gekrümmten Leibes eine selbstverständliche Würde verleihen. Aus ihrer Tasche leuchtet ein überquellender Strauss purpurroter Chrysanthemen. Sie erwärmen wie vielfache Sonnen unsere Herzen und bringen unsere Gedanken in Einklang.

Nachtbus

Den Eindrücken des herzerwärmenden Schultheaters nachhängend, besteige ich den Nachtbus nach Dozwil, der zuverlässig die ankommenden Züge abwartet. Ich bleibe der einzige Fahrgast. Bevor wir Sommeri passieren, bin ich mit dem Fahrer in ein Gespräch vertieft. Er ist frischgebackener Grossvater. Das Büblein seiner Tochter hat sein Herz gewonnen. Der Vater des Kindes kam aus Westafrika in die Schweiz und glaubte, hier das Paradies zu finden. Er konnte keine Wurzeln schlagen und kehrte in sein Heimatland zurück. Die Tochter des Chauffeurs hatte ihn bei einem längeren Auslandeinsatz als Krankenschwester kennengelernt.

Wissen Sie, ein kleines Kind ist unbestechlich, umso mehr erfreut mich sein Strahlen. Ich hätte nie gedacht, dass es so etwas Schönes gibt.
Nur mein Hund konnte mich ebenso bedingungslos annehmen.
Ich hatte ihn nicht abgerichtet, unsere Beziehung funktionierte ohne Befehle.
Übrigens befasse ich mich mit Traumatherapie. Ich bin durch meine Tochter darauf gekommen. Sie wurde während eines Hilfseinsatzes in Äthiopien überfallen. Das war schlimm. Was machen Sie beruflich, wenn ich fragen darf? Ich dachte mir doch, dass Sie mit Menschen zu tun haben.
Auf Wiedersehen und einen schönen Abend.

Inzwischen wurde der Nachtbusbetrieb nach Dozwil eingestellt.

Logis

Xenias vierjähriges berufsbegleitendes Studium ist in einer weit von ihrem Wohnort entfernten Stadt. Für die Übernachtungen, jeweils von Montag auf Dienstag, hat sie nach langem Suchen eine Unterkunft gefunden: bei einer Bekannten der Schwester einer Freundin der Mutter. Von der Hochschule bis zum Nachtquartier muss sie eine Viertelstunde Tram fahren. Das nimmt die Studentin in Kauf, das ist immer noch besser als die zweieinhalbstündige Zugreise nach Hause.

Die Gastgeberin wohnt in einem Block und hat ein Gästezimmer für die seltenen Besuche ihrer Tochter. Als selbstständige Beraterin ist Eliza, die früher Elisabeth hiess, oft auswärts unterwegs, in ihrer Praxis oder bei ihren Klienten zu Hause. Dort untersucht sie deren Wohnungen nach negativen Energien. Die Begrüssung von Xenia am ersten Abend ist kurz: «Da hast du den Schlüssel, das Frühstück musst du dir selber organisieren, die vierzig Franken Miete für die Unterkunft will ich zum Voraus bar auf die Hand. Schönen Abend noch.» Und weg ist sie.

Xenia schaut sich in der fremden Wohnung um. Der Kühlschrank ist fast leer. Hier wird wohl selten gekocht. Der Nachmittag im Hörsaal war anstrengend. Zögernd setzt sie sich auf das Sofa, lässt die Tasche am Arm hinuntergleiten. Das Handy zeigt 20:17 Uhr an. Der Magen knurrt. Kurz entschlossen stellt Xenia ihre Habseligkeiten ins Gästezimmer, huscht das hallende Treppenhaus hinunter und begibt sich in die Dämmerung. Weit und breit kein geöffnetes Lebensmittelgeschäft oder Restaurant. Die nächste Strassenbahn fährt in elf Minuten. Am Hauptbahnhof kauft sie sich zwei Sandwiches und beginnt im zurückfahrenden Tram das mit Schinken belegte

mit Heisshunger zu verzehren. Sie hat noch nicht die Hälfte
verspeist, da wird sie von einem Kontrolleur ermahnt:
«Essen im Fahrzeug ist verboten.» Die Ertappte steckt das
angebissene Brot in die Jackentasche.

In der Wohnung brennt Licht. Es rumort im Badezimmer.
Xenia packt das angebissene Brötchen aus und verschlingt es
hastig, als wäre Essen hier auch nicht erlaubt. Schnell holt sie
die von zu Hause mitgebrachte Trinkflasche, sie hat die richtige
Grösse für unterwegs, leert den Rest des heimatlichen Wassers
in den Abguss, schwenkt sie aus und füllt sie mit frischem
Wasser.

Sie wartet in ihrer Schlafkammer, bis die Geräusche im Bad
verstummt sind. An der Wand hängt ein Plakat mit
Lebensweisheiten. Xenia liest: «Lebe dein Leben! Befreie
dich von fremden Zwängen! Höre auf deine innere Stimme!
Gehe deinen eigenen Weg!» Und so weiter. Sonst wirkt das
Zimmer wie ein Abstellraum. Rasch die Blase entleeren,
Zähne putzen und ins Bett. Das Käsesandwich gibt's dann
zum Frühstück.

Als Xenia in der Woche darauf wiederkommt, ist das Bett nicht
bezogen. Beim Suchen nach der Wäsche fällt Xenias Blick
wiederum auf das Plakat an der Wand. «Befreie dich von fremden
Zwängen! Gehe deinen eigenen Weg...» Noch beim Einschlafen
gehen ihr diese Worte durch den Kopf.

In der dritten Woche sagt Eliza: «Ab sofort musst du mir sechzig
Franken bezahlen. Ich lasse mich nicht ausnutzen.» «Ja, aber...»,
stammelt Xenia, «der Betrag war doch fix abgemacht!»
«Ich habe mein Leben umgekrempelt und bin zum Schluss
gekommen, dass ich bisher viel zu grosszügig war. Wenn es
dir nicht passt, musst du nicht hierbleiben.»

Xenia fragt bei ihren Kommilitoninnen, mit denen sie unterdessen ein wenig vertraut geworden ist, nach einer Unterkunft. Einige von ihnen wohnen in der Stadt oder in der näheren Umgebung. «Wer kann mich aufnehmen oder kennt jemand, der ein Plätzchen frei hat?» Aber es gibt so schnell keine Lösung.

Am folgenden Montag öffnet eine junge Frau mit Rastazöpfen die Tür. «Wer bist du?», fragt sie die Xenia. «Übernachten? Du kannst auf dem Sofa schlafen, da hat es Platz. Meine Mutter kommt bald.» Xenia räuspert sich. «Also, für mich ist dieses Zimmer reserviert», sie weist mit dem Daumen nach hinten, «ich bezahle dafür.» «Das ist meines», stellt die Frau richtig. «Ich habe meine Bleibe verloren, Hausbesetzung, ich wurde rausgeworfen, und bis ich etwas Neues gefunden habe, bin ich hier.» Xenia spürt einen Kloss im Hals.

Noch eine Übernachtung steht ihr bevor, dann sind Ferien. Das hältst du durch, denkt Xenia. Sie wird in Zukunft bei einer Mitstudentin übernachten, die sich ihrer erbarmt hat. Als sie die Treppe hinaufsteigt, denkt sie an die nahende Verabschiedung. Die Sätze hat sie sich im Kopf zurechtgelegt. Kurz und sachlich. Gedankenverloren steckt sie den Schlüssel ins Schloss. Er bewegt sich nicht. Hat sie sich in der Tür geirrt? Nein. Das Namensschild ist das richtige. Noch ein vergeblicher Versuch. Sie drückt die Klingel. Nichts. Ein zweites Klingeln in die Stille der Wohnung. Fast ein wenig erleichtert verlässt die junge Frau den abscheulichen Ort. Sie wirft den Schlüssel in den Briefkasten und geht hinaus in die Nacht.

Abendgespräch

Gut, dass du gekommen bist. Deine Geschwister melden sich ja nicht mehr. Deine Mutter sagt mir nicht mal, wo sie wohnen und was sie arbeiten. Stimmt es, dass Samuel sein Studium abgebrochen hat?

> Papa, er möchte im Moment keinen Kontakt mit dir.

Darum frage ich ja dich.

> Ich habe ihm versprochen, dir nichts zu erzählen.

Wir beide verstehen uns doch gut. Ich bin immerhin dein Vater. Wie oft habe ich euch in die Ferien mitgenommen. Weisst du noch, in Griechenland? Ich habe alles bezahlt.

> Ja, es war wirklich schön. Ich habe windsurfen gelernt! Hast du übrigens Cola da?

Ihr durftet doch früher keine Süssgetränke haben. Ist Mama nicht mehr so konsequent?

> Ich dachte nur. Ich bin erwachsen.

Ja, aber ich zahle immer noch für dich. Wie lange dauert denn deine Ausbildung noch?

> Drei Jahre, wenn ich alle Prüfungen schaffe.

Machst du immer noch den Job an der Bar?

> Nein, dafür hüte ich meinen kleinen Bruder und entlaste Mama im Haushalt.

Deinen Halbbruder. Der ist doch nicht mehr so klein.
Macht Mama immer noch diese… Weiterbildung?

    Papa, ich helfe ihm bei den Aufgaben. Er geht nicht gern in die Schule. Wie geht es eigentlich Gregory?

Er sucht eine Lehrstelle als Hochbauzeichner. Wenigstens will er nicht länger zur Schule gehen.

    Warum? Er ist doch so gut in Mathe und Physik. Will er wirklich nicht studieren? Ich würde ihn gern wieder einmal sehen. Mit ihm kann ich stundenlang Schach spielen. Wann besucht er dich jeweils?

Am besten fragst du ihn selber. Du hast ja seine Handynummer. Ihr seid doch meist am Computer. Schreibt ihr euch denn nicht?

    Nein, wir spielen Schach. Sprichst du immer noch nicht mit seiner Mutter?

Was geht dich das an? Die Frauen sind ein Kapitel für sich. Die erste hat mich verlassen wegen einer Jugendliebe, die dann doch zerbrochen ist, die Geschichte kennst du ja. Die zweite, na ja, schwierig. Und jetzt dachte ich, es stimmt für einmal. Aber nein, sie will unbedingt in diesem Kaff bleiben. Hast du eigentlich eine Freundin?

    Das ist meine Sache. Was kann ich denn jetzt trinken?

Hol dir ein Glas Wasser.

    Werden wir zusammen essen? Mein Zug fährt um neun.

Im Kühlschrank hat es Reste von gestern. Die kannst du aufwärmen.

Mach ich. Darf ich dich was fragen?

Klar.

Ähm, bist du zufrieden mit deinem Leben?

Warum fragst du? Wenn die Geldsorgen und die Probleme mit den Frauen nicht wären, ganz okay. Der Job ist halt aufreibend. Das Personal macht nicht richtig mit bei der Reorganisation. Ich werde einige wohl entlassen müssen, sonst hört dieses Gemurre nie auf.

Hättest du lieber keine Kinder gehabt?

Was soll ich sagen, ich hätte mir einigen Ärger erspart. Investiert habe ich ja wohl genug. Auch jetzt noch.

Freust du dich über meinen Besuch?

Natürlich, aber es wäre mir lieber, wieder einmal alle zusammen am Tisch zu haben.

Wo ist das Brot? Das Essen ist bereit.

Mahlzeit.

Mahlzeit.

Lebens-Mittel

Irgendwo zwischen Kindheit und Frausein. Das Leben hat seinen Geschmack verloren. Sie trägt den weinroten Anorak ihrer Mutter, den diese wegwerfen wollte, als trotzige Verbindung zu ihrer Vergangenheit und als Schutz vor dem Sommerregen. Der Weg führt stetig hinauf, die Baumgrenze ist längst unter ihr. Sie steigt dem Horizont entgegen. Glitzernde Regentropfen perlen über ihr schmales Gesicht, sehen aus wie die Tränen, an deren tröstliche Wärme sie sich kaum erinnern mag, so wenig wie an Speck mit Bohnen oder an ein Stück Schwarzwälder Torte. Doch der herb-süsse Duft der getränkten Bergkräuter dringt in sie ein. Ihr Atem kann nicht angehalten werden.
Dieser zähe Überlebenswille in der kargen Landschaft weckt in ihr eine heftige Sehnsucht. Keuchend setzt sie sich an ein trockenes Plätzchen unter den Felsen und öffnet eine Büchse Ölsardinen. Gierig kippt sie alles in sich hinein. Die fettige Mahlzeit labt ihren ausgehungerten Leib. Sie steht auf und überquert den Pass.

Rössli

Montag. Fast alle Restaurants sind geschlossen. So lande ich im Rössli und genehmige mir eine Tasse Tee und einen Toast, damit ich durchhalte an der Sitzung heute Abend.

Am anderen Ende der Gaststube diskutieren zwei pensionierte Ehepaare. «Kürzlich habe ich mein Auto auf dem Parkplatz abgestellt. Einer kam auf mich zu und sagte, ich müsse anders parken, sonst gebe es eine Busse. 200 Franken hätte ich zahlen müssen, weil ich den Wagen vorwärts statt rückwärts hinstellte! Wo führt das denn hin, das ist doch total übertrieben!» Empörtes Gemurmel beendet den Auftritt des Mannes, der mir den Rücken zuwendet. Ein abrupter Themenwechsel verteilt die Rollen neu. «Ja, dieser Gof aus Norwegen oder so hat viele Anhänger.» «Das heisst Follower.» «Im Fernsehen oder im Internet kam doch, dass sie irgendwie… Weisst du, die sind unheimlich stur, sonst würde sie das nicht durchziehen.» «Mongoloid.» Endlich ein konkreter Ausdruck, auf den sich die Runde stillschweigend einigt. «Die Göre weigert sich, zu fliegen. Gspune! Zug fahren braucht Strom, die würde gescheiter zu Hause bleiben. Jetzt laden sie den Gof nach Polen ein, an eine Konferenz.» Das Gespräch wogt hin und her, die Herren sind lauter, vor allem der eine, der sich den Platz mit der besten Aussicht genommen hat, offensichtlich das Alphamännchen in diesem Quartett. «Im Ausland sollte man schon einiges verbessern», wagt sich eine der Ehefrauen aufs Parkett. Ihr Votum versinkt im Nil. Auf einmal redet man vom Nil. «Nil?» «Ja, Nil, ein Fluss ist das doch.» «Wo denn, in Asien oder Afrika?» «In Ägypten. Dort gibt es auch einen Zug. Stundenlang fährt der den Nil entlang. Man könnte auch fliegen,

das wäre viel schneller. Die Leute fahren lieber Zug. Man erlebt
etwas. Die vergeuden ihre Zeit. Haben nichts Besseres zu tun.»

Plötzlich senken sich die Stimmen. Man redet von der Röhre,
in die jemand muss. Ja, bösartig. Am Freitag ist dann
das Gespräch mit dem Arzt. Die können das schon richten.
Jeder und jede erzählt eine eigene Krankengeschichte,
und noch ein paar andere, von Bekannten, die, ihr wisst schon …
Wir hatten ja Glück bis jetzt. «Ich habe zu ihr gesagt, geh sofort
zum Arzt», meldet sich das Betamännchen. «Zwei Tage später,
und sie wäre gestorben; sag's nur», wendet er sich an seine Frau,
«ich habe dich gezwungen, zum Arzt zu gehen …» «In die Röhre,
und am Freitag ist das Gespräch», sagt das Alphatier.
«Das kommt schon in Ordnung.»

Bezahlt wurde bereits. Man redet vom Aufbrechen. Darüber,
dass man kaum Alkohol trinkt. Seit jenem Eingriff. Nur wenn
Gäste kommen. Dann gibt es ein Bier oder ein Glas Wein. Zum
Anstossen. Das gehört sich doch. Mit ausladender Geste wird
Rechtfertigung signalisiert. Geben wir noch einen aus. Die Wirtin
mit den blondierten Haaren weiss im Voraus, wer was will.
Sie erhebt sich vom Nebentisch und bringt die Getränke.
Die Stimmung wird lauter.

Ich lege ein paar Münzen auf den Tisch und trete in die
Dämmerung hinaus.

Einkaufen

Dienstagvormittag. Im Supermarkt ist nur eine Kasse geöffnet. Ein älteres Ehepaar legt seine Waren aufs Band. Die Frau wirkt angespannt. Sie hievt das Waschmittel aus dem Einkaufswagen. «Ich hatte immer das Pulver. Jetzt habe ich nur das flüssige Produkt gefunden», wendet sie sich verlegen an die Kassierin. Die Verkäuferin erklärt, wo sich das Gewünschte befindet, und schiebt die übrige Ware über den Scanner, während die Kundin auf die Suche geht. Kurze Irritation an der Kasse: Der Brokkoli ist nicht abgewogen. Die Verkäuferin erhebt sich und verschwindet mit dem Corpus Delicti in der Gemüseabteilung. Die Warteschlange wird länger. Der Ehemann atmet tief ein und hörbar wieder aus. Inzwischen steht die Frau unschlüssig vor dem Gestell mit den Waschmitteln. Eine Frage scheint ihr auf der Zunge zu brennen. Ihr Mann erhascht sie mit einem kurzen Blick. «Schatz, komm endlich», fordert er sie auf. Er bemüht sich nicht, seine Ungeduld zu verbergen. «Ich finde es nicht», gesteht die Frau der vorbeieilenden Kassierin. «Die Verpackung hat wohl geändert.» Zielsicher greift die Angestellte ins Regal. Jetzt ist der Einkauf komplett. Bereitwillig öffnen die Anstehenden eine Gasse. «Mach vorwärts, Schatz!»

Junger, aparter Herr

Boris grüsst mich auf der Strasse, indem er seinen schwarzen Hut leicht anhebt. Er ist der heimliche Star der Kantonsschule. Wer ihn einmal am Klavier gehört hat, spürt in der Erinnerung daran nochmals einen Schauer auf dem Rücken und hofft auf eine Fortsetzung. Geschmeichelt von seinem charmanten Gruss gehe ich meines Weges.

Zwar ist er angestellt als Assistent des Hauswarts, irgendeinen Brotberuf braucht man ja. Diesen erlernte er in einer geschützten Werkstatt. Doch seine wahre Berufung ist die Musik. Bei jeder Gelegenheit setzt er sich an ein Klavier, von denen es an der Schule glücklicherweise einige gibt, und entlockt ihm die wunderbarsten Klänge. Nach kurzer Zeit fand er zahlreiche Bewunderer und heimliche Bewunderinnen unter der Schülerschaft.

Da steht ein Putzeimer schon seit einer halben Stunde unberührt im Korridor, die Schaumbläschen auf dem Wasser platzen eins nach dem andern, bis sich die letzten am Rand aneinanderdrängen, an eine gute Absicht erinnernd. Währenddessen lässt der pflichtvergessene Putzgehilfe seine Finger über die Tasten gleiten. Die zielstrebigen Lehrer und die fröhlich plaudernden Schülerinnen bilden beim Vorbeigehen eine trippelnde Kolonne, um am Eimer vorbeizukommen. Für einen Moment werden die Gespräche unterbrochen, bis man wieder nebeneinander flanierend den Faden aufnehmen kann. Der Klavierspieler träumt indes davon, eine dieser jungen Damen mit seiner Kunst zu beglücken.

Bis jetzt waren seine Bemühungen um die Frauen von keinem
Erfolg gekrönt. Er hat vollendete Umgangsformen, zieht sich
geschmackvoll an und ist musikalisch. Er versteht nicht, warum
er noch keine Freundin gefunden hat. Sport ist ihm ein Graus,
Auto fahren kann er nicht und vorläufig fehlt ihm das grosse
Geld. Das wird er verdienen, wenn er als begehrter
Unterhaltungsmusiker durch die Bars der angesagten
europäischen Städte tingelt.

Leise summend trollt er sich am Feierabend zum Bahnhof,
besteigt den Intercity, Wagen 5, unten rechts. Nur eine kurze
Strecke trennt den Ankunftsbahnhof von seinem Zuhause.
Die Aufmerksamkeit reicht aus, um mich, die Nachbarin,
auf dem Trottoir zu erkennen und freundlich zu grüssen – so, wie
es ihm seine Mutter beigebracht hat. Nun geht es die knarrende
Treppe hinauf, ein kurzes «Hallo» beim Eintritt in die Wohnung.
Boris verschwindet in seinem Zimmer. Seufzend plumpst er
in sein Bett und träumt von einer grossartigen Zukunft.

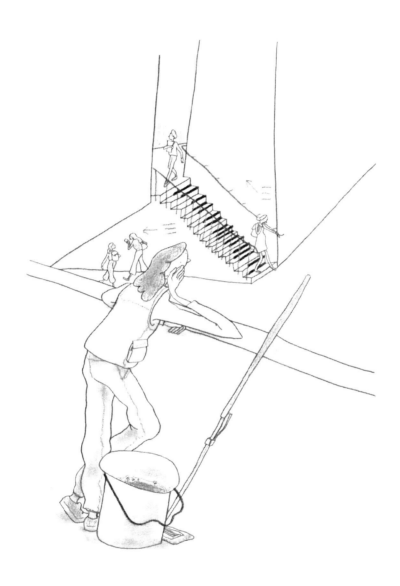

Personalnotstand

Billigmodegeschäft einer grossen Ladenkette im Einkaufscenter am Stadtrand. Leonie und Serife, die zwei Aushilfen, räumen hinter der Kundschaft auf. Stundenlohn 25 Franken. Versabberte Kinderspielsachen, Make-up-Spuren an Kragenrändern, zerknüllte T-Shirts in den Kabinen. Beratung ist kaum gefragt. «Haben Sie diese Hose eine Nummer kleiner? Ich trage doch kein M. Was würden meine Freundinnen denken.» «Warum ist niemand an der Kasse?» «Meinem Mann gefällt diese Jacke nicht. Bekomme ich das Geld zurück?» Halb sieben. Drei Personen fahren gemeinsam die Rolltreppe hoch. Betriebsverkaufsleiter, Gebietsverkaufsleiter, Revisor. Seltsam. Nach 17 Uhr wurden diese Vorgesetzten noch nie gesichtet. Im Schlepptau eine junge Frau in Arbeitsklamotten. «Guten Abend. Hier habt ihr Ersatz. Wir müssen mit Frau Berisha sprechen.» Leonie reicht ihnen den Schlüssel zum Pausenraum, wohin die drei mit Serife verschwinden. Die eben eingetroffene Mitarbeiterin erzählt, dass sie mitten aus einer Kundenbedienung in der City-Filiale wegbeordert wurde. Nach einer Stunde kommen die Chefs mit Serife in ihrer Mitte durch die Tür. Wortlos fahren sie die Rolltreppe hinunter und begleiten die Frau bis zum Ausgang. Der Betriebsverkaufsleiter, den Leonie vom Vorstellungsgespräch kennt, kommt nochmals hoch. «Wir mussten sie fristlos entlassen», so die knappe Erklärung. – «Ähm, darf ich den Schlüssel wiederhaben?», fragt Leonie nach. «Ach ja, hier ist er, und schönen Sonntagsverkauf dann!»

Beim Friseur

Der Grossvater meines Coiffeurs ist bei Nacht und Nebel
vom Südtirol nach Österreich geflüchtet – im Jahr 1914; er wäre
erschossen worden, hätten die Militärs ihn erwischt. Er hatte
aus Versehen einen Kartoffeln stehlenden italienischen Soldaten
getötet. Aus dem Warnschuss war ein Todesschuss geworden.
Obwohl er die Leiche verscharrte, wurde die Tat entdeckt.
Seine Geliebte, die zukünftige Grossmutter des Haarschneiders,
besuchte ihn mehrmals in Österreich, indem sie heimlich
die Grenze überquerte. Einmal wurde sie dabei angeschossen.
Ein italienischer Soldat rettete ihr das Leben. Später zog sie dann
zu ihrem Geliebten und heiratete ihn. Als Staatenlose – bei
der Flucht galten sie als Österreicher, das Südtirol wurde
zu italienischem Hoheitsgebiet – schlugen sich die beiden
mit einer immer grösser werdenden Kinderschar durch.
Ohne illegale Tätigkeiten und Wilderei hätten sie nicht überlebt.
Nach dem dritten gescheiterten Versuch, sich eine Existenz
mit einem eigenen Geschäft aufzubauen, glitt der Grossvater
in die Trinksucht ab und begann seine Frau zu schlagen.
Der jüngste Sohn der beiden – nach acht Jahren Gefangenschaft
in Jugoslawien, angetreten gegen Ende des Zweiten Weltkriegs –
sorgte dafür, dass er die Mutter verlassen musste. Dieselbe Mutter,
die diesen Sohn am Bahnhof Innsbruck bei der Rückkehr
aus seinem langjährigen Arrest abgeholt hatte. Sie lief auf dem
Perron viermal hin und her und fand ihn nicht unter den
ausgemergelten Männern. «Mama, erkennst du mich nicht
wieder?», machte er die erschütterte Frau endlich
auf sich aufmerksam.

Rastlose Wanderung

Der Mann hinter ihr ist aus dem gleichen Zug ausgestiegen. Sie hat sich in der Dorfbäckerei noch eine Kleinigkeit gekauft, bevor sie den Weg unter die Füsse nimmt. Auszeit. Absichtlich wählt sie eine wenig begangene Route, das mässige Wetter kommt ihr gelegen. Schon nach wenigen Schritten holt sie ihn ein. Zögernd grüsst sie ihn, der es gemütlich anzugehen scheint. Unauffällig versucht sie, die Distanz zu vergrössern. Ein unangenehmer Druck in der Blase drängt sich in ihr Bewusstsein. Der kurvenreiche Weg und der neblige Wald machen sie glauben, sie sei allein. Auf einer lieblichen Anhöhe setzt sie sich für einen kurzen Moment auf eine Bank. Den Apfel isst sie dann doch im Gehen. Es ist steil. Unverhofft prescht aus dem Nichts ein Junge auf seinem Mountainbike entgegen. Sein freundlicher Gruss mildert ihre Irritation. Die Landschaft öffnet sich. Kaum mehr Bäume am Weg. Sie zweigt ab in Richtung Tal. Ein paar Häuser. Kein Mensch in Sicht. Ein Gebüsch. Endlich. Sie kauert sich hin. Ein warmer gelber Strahl ergiesst sich in die feuchte Erde.

Der Ingenieur

Die Bushaltestelle liegt im morgendlichen Dämmerlicht.
Unter den Wartenden erkenne ich Heinrich. «Arbeitest du noch?» frage ich Heinrich. Er wohnt im gleichen Dorf. Wir haben vielleicht vor zehn Jahren letztmals miteinander ein paar Worte gewechselt. «Nein», meint er mit einem bedauernden Schulterzucken. «Ich habe bereits fünf Jahre über mein Pensionsalter hinaus gearbeitet. Jetzt ist Schluss.» Wir steigen in den Bus. Heinrich wird heute nach Zürich fahren, dort leben seine Kinder aus erster Ehe. Ungefragt zählt er mir einige Stationen seines Arbeitslebens auf. Gelernter Sanitärinstallateur. Am Ende begehrter Projektmanager für Grossbaustellen. Mit sichtbarem Stolz erwähnt er die Erwachsenenmatur, das Studium und die immer lukrativeren Aufträge, die er dank seines brillanten Fachwissens bekam. Internationale Firmen wurden auf ihn aufmerksam. Er war ein Experte in Gebäudetechnik und wusste Bescheid in rechtlichen Fragen. Über Nacht entwarf er verblüffende Lösungen. So konnte manche millionenteure Einsprache abgewendet werden. Nebenbei gleiste er eine ambitionierte Weiterbildung auf. Leider habe seine damalige Frau seine Arbeitswut irgendwann nicht mehr mitgetragen, fügt er an. So kam es zur Scheidung. Diese belastete ihn so sehr, dass er die Weiterbildung abbrach. Im Fach Mathematik stiess er zudem an seine intellektuellen Grenzen. Doch suchte er neue Wege, die ihn zum Erfolg führten. Im Alter von fünfzig Jahren bremste ihn eine gesundheitliche Krise. Danach rappelte er sich wieder auf und fand ins Business zurück. «Mit dem Ruhestand habe ich grosse Mühe», gesteht er. «Mir fehlt die Bestätigung. Niemand fragt mehr nach mir, dabei weiss ich immer noch, wie es läuft. Zum Glück habe ich meine Enkelkinder.» Auf der Einfahrt zum Bahnhof fragt er nach meiner

Tätigkeit. In ein paar Stichworten umschreibe ich, wie ich versuche, Menschen weiterzuhelfen, die mit ihrer Lernsituation nicht klarkommen oder die verzweifelt eine Lehrstelle suchen.
«Du hast bestimmt immer für jeden eine Lösung im Kopf. Das Problem wird sein, die Leute davon zu überzeugen.»
Ich hätte ihm gerne erklärt, dass ich niemand überzeugen muss, sondern dass ich die Menschen dabei unterstütze, ihre eigenen Lösungswege zu finden. Doch der Bus hält an, wir steigen aus und gehen in verschiedene Richtungen weiter.

Diskrete Verabschiedung

Im vollbesetzten Saal findet ein Informationsabend über Lernschwierigkeiten in der Berufsschule statt, der sich an Fachleute und Betroffene richtet. In der dritten Reihe sitzt ein junger, kräftiger Mann mit Pickelgesicht. Er scheint körperliche Arbeit gewohnt zu sein. Nach einer halben Stunde Vortrag steht er auf und verlässt den Saal, ein erdrückendes Meer von wohlwollenden pädagogischen Fachleuten durchpflügend. Unbeirrt säuselt die Schulpsychologin ihre Ausführungen über den Nachteilsausgleich bei Lese- und Rechtschreibschwäche ins Mikrofon, illustriert mit zugetexteten Folien, die sie fortwährend abliest. Von Berufslehre scheint sie keine Ahnung zu haben. Entsprechenden Fragen aus dem Publikum weicht sie geschickt aus. Die Mutter des jungen Mannes hatte ihn dazu überredet, ja ermutigt, den Anlass mit ihr zusammen zu besuchen. Sie harrt aus bis zum Ende des Vortrags. Zu Hause wird sie ihrem Sohn erzählen, dass der zweite Teil des Abends ansprechender war, als eine von Leseproblemen betroffene Berufsfrau ihre von Klippen und Erfolgen geprägte Laufbahn schilderte.

Lebens-Inhalt

Das war die schönste Woche meines Lebens. Ich bin jeden Morgen um sieben Uhr aufgestanden, ohne Probleme. Das war ich mir nicht mehr gewohnt. Seit Wochen hatte ich Stress mit meiner Mutter, weil ich nicht pünktlich zum Mittagessen erschien. Ich wusste nicht, wozu ich aufstehen sollte, ich hatte keine Arbeit. Sie zahlte mir von ihrem knappen Gehalt ein Fitnessabo, damit ich mich mehr bewege. Gamen und Rauchen waren mein Lebensinhalt. Und jetzt das: Eine Woche habe ich geschnuppert in einem Behindertenheim. Ich hatte keine Ahnung, was mich da erwartet. Mir war alles egal. Es konnte ja nicht schlimmer sein als das langweilige Herumhängen. Und die Aussicht, jeden Tag ein gratis Mittagessen zu kriegen, war auch nicht schlecht. Ich kam in eine Werkstatt, in der Menschen mit Beeinträchtigungen verschiedene Dinge abpackten oder Scharniere zusammenschraubten. Übrigens sind das korrekterweise Mitarbeiterinnen und Mitarbeiter. Ich bin Personal, weil ich Betreuungsaufgaben habe. Was mich am meisten verblüffte, war der anständige und freundliche Umgangston. Dass es so etwas gibt in der Arbeitswelt! In der Velowerkstatt, in der ich meine Lehre abgebrochen habe, war ich immer der «Tubel». Ich wurde angeschnauzt. So etwas halte ich nicht aus. Ich fehlte immer öfter, blieb am Morgen einfach liegen. An meiner Schnupperstelle bekam ich jeden Tag ein Feedback. Mit Kritik kann ich gut umgehen, wenn sie im richtigen Ton geäussert wird. Alle Teammitglieder interessierten sich für mich, es war einfach cool. Ich besuchte zwar früher die Sprachheilschule, weil ich lange nicht geredet hatte. Das merkt man mir heute nicht an. Ich bin ein attraktiver junger Mann und würde mir gerne bessere Klamotten leisten, wenn ich das Geld dazu hätte. Werde ich je wieder einen Job finden? Eigentlich will

ich nur Behindertenbetreuer werden, ich habe Lust, diese Tätigkeit ein Leben lang auszuüben. Ich hoffe einfach, meine vielen Berater helfen mir dabei. Es wäre fast zu schön. Eigentlich kann ich auch ganz gut schreiben, das muss man anscheinend in diesem Beruf auch können. Und wenn ich jetzt gerade am Schreiben bin, überlege ich, ob ich nicht mal meine Lebensgeschichte aufschreiben soll. Die vielen Umzüge, die seltsamen Schulen, die ich besucht habe, die Alkoholsucht meines Vaters, die Arbeitslosigkeit meiner Mutter, meine Konzentrationsprobleme, mein geschissener Beistand, den ich jetzt endlich los bin.
Der bekam Geld dafür, dass er sich nicht für mich interessierte.
Ja, ich versuch's mit dem Schreiben. Hoffentlich interessiert das jemanden.

PANDEMISCHES

Sommeri-Wurm

Ich bin hierhin verschleppt worden. Ein Menschenkind namens Maria hat mich auf einem Spaziergang mit ihrer Familie von der Strasse gerettet. «Wirf das weg!», forderte die Mutter das Mädchen auf. Das Kind aber riss ein Büschel Gras vom Strassenrand, polsterte damit seine Hand aus und legte mich sorgsam hinein. Am Waldrand neben einer Holzhütte machte die Familie halt. Man entfachte ein Feuer. Mir wurde wind und weh. Das Mädchen schien meine Not zu bemerken. Es rutschte zum nahen Bach hinunter und benetzte mich mit Wasser. Gegenüber der Feuerstelle legte es mich an ein schattiges Plätzchen. Ich wand mich vor Erleichterung in alle Richtungen. Der Rauch bedrohte mich nun nicht mehr. Ich beobachtete, wie er hochstieg und dann plötzlich auf die Menschen losging, die vor ihm wegliefen.
Die hatten ja auch Angst. Warum sie ein Feuer machten? Aha: Sie legten vier Riesenwürmer auf den Rost und brutzelten sie. Zum Glück bin ich so klein. Wer weiss, was sie mir sonst angetan hätten. Ein Luftzug wirbelte die Asche auf, und der Himmel verdunkelte sich. Zu meiner Freude begann es zu regnen.
Die Familie flüchtete in die Hütte und verspeiste dort die Riesenwürmer. Für diesen Tag hatte ich genug erlebt. Ich grub mich in die Erde ein, um meine Eindrücke zu verarbeiten. Wie wunderbar weich der Boden war. Ganz anders als der platt gewalzte Rübenacker, der mein früheres Zuhause gewesen war. Ich räkelte mich, rollte mich zusammen und schlief sofort ein.

Meine ungeplante Landflucht war ein unerhörter Glücksfall. Vom offenen Land in den geschützten Wald. Ich finde hier Nahrung im Überfluss, und das kulturelle Leben ist auch nicht schlecht. Kein Motorengedröhn wie dort draussen auf dem Feld, sondern Amselgesang auf den Bäumen. Ist zwar beides gefährlich, doch ein bisschen Nervenkitzel muss sein. An gewöhnlichen Tagen spazierten einzelne Menschen vorbei, oft mit ihren Vierbeinern. Vor denen muss ich mich in Acht nehmen.
Die schnüffeln überall herum, dabei geht sie mein Privatleben nichts an. Der glatzköpfige Mann war immer der Erste am Morgen. Dann die Dame mit dem Pelzmantel und dem Schosshündchen im gestrickten Pullover. Nur die Anzahl Beine verriet mir, wer Mensch war und wer Tier. So ging das weiter, den lieben langen Tag. Am späten Abend kamen die Liebespärchen. Wie die sich zieren. Da habe ich es einfacher. Gefällt mir jemand, dann geht's zur Sache. So komplizierte Dinge wie Männlein und Weiblein gibt es bei uns nicht. Wenn ich mir das auch noch überlegen müsste, dann ade, junge Würmchen. Am Wochenende ging es erst recht los. Es wurde herumgerannt, gelärmt, gesoffen, gequalmt. Da lobe ich mir meine unterirdische Bleibe. Der ideale Rückzugsort für ein empfindsames Wurmgemüt.

Seit Kurzem verstehe ich die Welt nicht mehr. Es ist Frühling. Aus Erfahrung weiss ich, die Menschen paaren sich jetzt – mit Ausnahmen, versteht sich. Ihr Balzverhalten ist eben noch nicht richtig erforscht. Von einem Tag auf den anderen kommen fast nur noch Einzelexemplare hier vorbei, dafür stetig, egal ob Mittwoch oder Sonntag ist. Wenn sich zwei begegnen, gehen sie sich aus dem Weg. Ich bin ganz durcheinander, die Wochentage lassen sich nicht mehr unterscheiden. Vielleicht brauche ich einen Kalender. Die Tageszeit erkenne ich nur noch am

Sonnenstand. Vor der Hütte gibt es neuerdings ein Absperrband. Warum bauen die eine Hütte, wenn sie sie nachher nicht benutzen? Einige Menschen verstecken gar ihr Gesicht. Wie geht das beim Essen? Die spinnen, die Menschen. Dieses Verhalten übersteigt meinen Wurmverstand. Das Einzige, was geblieben ist: Alle nennen die Hütte Marienhüsli. Und nur ich weiss, weshalb.

Systemrelevant

Eines der meistverwendeten Wörter in diesen Tagen: systemrelevant. Also für ein System bedeutsam. Demnach gibt es auch Akteurinnen und Akteure, die für ein System nicht bedeutsam sind. Ein geordnetes, funktionierendes Gebilde, eben ein System, ist sowohl einschliessend als auch ausschliessend. Unser Gesellschaftssystem funktioniert momentan im Überlebensmodus. Dieser ist unangenehm, einschränkend und führt auf die Dauer zu Mangelerscheinungen. Aber er ist notwendig. Menschen, deren Dienste in dieser Phase nicht erwünscht sind, verlieren an Bedeutung. Das macht den Anschein, dass diese Dienste nur schönwettertauglich, und damit eigentlich unnötig sind. Unnötig ist ein unnötiges Wort, das unnötig oft gebraucht wird, um andere Menschen und deren Ansichten oder Tätigkeiten abzuwerten. Wer hat das nötig? Im Normalmodus ist ein Nachholbedürfnis nach diesen aktuell verschmähten Diensten wahrscheinlich. Sie erhalten wieder eine Bedeutung. Stellt sich die Frage, was im Nachhinein als bedeutsam bewertet wird.

Corona-Himmel

Blaublaublaublaublaublau

Laublaublaublaublaublaub

Aublaublaublaublaublaubl

Ublaublaublaublaublaubla

Weissweissweissweissweissweisssssss

Weissweissweissweissweissweisssssss

Ublaublaublaublaublaubla

Aublaublaublaublaublaubl

Laublaublaublaublaublaub

Blaublaublaublaublaublau

Plexiglas

Das Material der Stunde: Plexiglas. An Schaltern wurden
die Scheiben in den letzten Jahren mehrheitlich entfernt.
Mehr Kundennähe. Weniger Schutz. Und jetzt kleben, hängen,
stehen sie in Läden, in Ämtern, in Bussen, in Praxen.
Verständlich, vernünftig, sperrig. Immerhin durchsichtig.
Ich fühle mich selber wie von einer Plexiglashülle umgeben.
Distanziert, gefiltert, gedämpft. Immerhin nicht allein. Nicht ins
Gesicht greifen, keine Hände schütteln, lieber wegschauen,
kein längeres Gespräch führen. Abstand, Abstand, Abstand.
Dieses trügerische Gefühl von Macht, wenn alle vor einem
zurückweichen. Oder doch eher das Gefühl, aussätzig zu sein.
Eine unnahbare Erscheinung. Explosionen verbreiten das Virus,
also implodiere ich. So verseuche ich nur mich selbst.
Eigenverantwortung in Extremform.

Kontrolle vs. Desinteresse

Also, jetzt gibt es eine Handy-App, die zeigt, anonymisiert selbstverständlich, ob man mit einer als angesteckt gemeldeten Person in Kontakt war. So lassen sich Begegnungen mit Infizierten zurückverfolgen. Das ist in dieser Situation hilfreich, und ich vertraue darauf, dass in unserem Rechtsstaat kein Missbrauch stattfindet.

Offensichtlich wäre mit den heutigen technischen Mitteln die totale Überwachung möglich. Wer, ausser wohlmeinenden Staatsvertreterinnen und -vertretern, hat ein Interesse an unseren Daten? In Läden gibt es Kameras, mit denen die Kundinnen und Kunden registriert werden: 180 Zentimeter, männlich, dreissig bis vierzig Jahre, Aufenthaltsdauer 17 Minuten. Gesichtserkennung ist auch kein Problem. Individuelle Werbung im Internet und so weiter. Es scheint kommerzfördernd zu sein, die Menschen auszumessen, zu kontrollieren, ihre Handlungen, ihr Kaufverhalten vorauszusagen und zu steuern.

Es ist paradox. Wer interessiert sich wirklich für den anderen Menschen? Wer interessiert sich, wer er ist, was ihn bewegt, was ihn ausmacht? Man geht aneinander vorbei, ohne sich zu grüssen, ohne sich zu beachten. Man will seine Ruhe haben, nicht aufdringlich sein.

Einmischung ist verpönt. Man schaut weg, anstatt Zivilcourage zu zeigen. Wo ist denn die Grenze zwischen Interesse, Neugier, Schnüffeln und Denunzieren? Ist denn das so schwierig zu unterscheiden? Der gesunde Menschenverstand ist oft verschüttet, zugedeckt von der eigenen Voreingenommenheit, der Erwartung, dass andere einen nur aushorchen wollen. Oder aber man gibt aus lauter Sehnsucht, wahrgenommen zu werden, Intimes von sich preis, im direkten Austausch oder bevorzugt über die sozialen Medien.

Jemanden ansprechen, sich ansprechen lassen. Das braucht Mut, ebenso wie sich abzugrenzen, in aller Höflichkeit und Ehrlichkeit. Mich anderen zuzumuten ist ein ständiges Austarieren zwischen meinem Interesse und meinem Rückzugsbedürfnis. Anstrengend und lebendig. Ein Türöffner für einzigartige Begegnungen.

Ruhe vor dem Sturm

Übermorgen beginnt der Präsenzunterricht an den obligatorischen Schulen wieder. Die Läden öffnen wieder. Im Strassenverkehr ist schon seit Tagen Hochbetrieb. Linksabbiegen um 17 Uhr mit dem Fahrrad ist erneut lebensgefährlich geworden. Die samstägliche Luft ist vom Gedröhn der Rasenmäher und Hochdruckreiniger geschwängert. Man gibt sich geschäftig. Lärm impliziert ernsthafte Tätigkeit. Nachdem alle Gänseblümchen fachgerecht geköpft sind, wird ein Bienenhotel aus dem Baumarkt aufgehängt. Die Frisur ist wieder gezähmt. Die Medien werden nach wie vor vom Virus dominiert. «Wer hat recht» statt «wie lösen wir das gemeinsam». Die Besserwisser haben jetzt Hochkonjunktur. Erstaunlich, dass sie sich nicht im Voraus zu Wort gemeldet haben. Die Bestätigung des eigenen Weltbildes hat Vorrang, gibt vermeintliche Sicherheit – die Sicherheit, keine Gewohnheiten ändern zu müssen. Endlich sieht man wieder Kondensstreifen am Himmel. Das eintönige Blau wurde mit der Zeit unerträglich. Und auf der Erde werden die Hierarchien wieder zurechtgerückt, der frühere Zustand gar gefestigt. Die Verkäuferinnen und Pfleger haben ihren Job gemacht, sie dürfen getrost in die zweite Reihe zurücktreten. Wir haben ja applaudiert. Bühne frei für die üblichen Selbstdarsteller. Denen ist nämlich die Krise verleidet. Doch es nützt nichts, deren Ende herbeizureden. Mit markigen Sprüchen wird sie nicht eingedämmt. Die Ruhe vor dem Sturm war vorher, sie ist entschwunden.

Eine verlorene Geschichte

Neulich am Bahnhof, es war einer dieser unvermeidbaren Corona-Ausflüge. Der Zug fährt schon ein, da tritt eine Frau auf mich zu, in ihrer Verzweiflung den Abstand missachtend, wirre kurze blonde Haare, dicke Brillengläser, eine Gesichtsmaske am Kinn, Gepäck im Schlepptau. Sie entfaltet ein Blatt mit handgeschriebenen Notizen. «Entschuldigen Sie», sagt sie in gebrochenem Deutsch, «ich bin zum ersten Mal hier, ich bin den ganzen Tag gereist, ist das der richtige Zug?» Sie hält mir den Zettel vor die Augen. «STEINACH» steht in Grossbuchstaben darauf. Zum Glück ist der Ortsname gross und deutlich geschrieben, ich kann ihn ohne Brille lesen. Die Türen der S-Bahn öffnen sich. «Wir müssen in die gleiche Richtung», erkläre ich und lasse ihr den Vortritt.

Drinnen bleibe ich neben dem Eingang stehen, leicht von der Frau abgewandt, die sich auf einem der seitlich angebrachten Klappsitze niederlässt, es sind gefühlt zu viele Passagiere im Wagen. «In Rorschach müssen Sie umsteigen.» «Wie viele Stationen?», fragt sie unsicher. Ich beginne im Kopf nachzuzählen, da erhellt sich ihr Gesicht. Sie hat den Bildschirm entdeckt, der direkt über meinem Kopf die Route anzeigt.

Beim Aussteigen gehe ich ihr durch die enge Unterführung voraus, deute auf den Bahnsteig vier. «Zwanzig Minuten warten», bemerke ich, «wir fahren mit dem gleichen Zug weiter, Richtung Romanshorn.» Zuerst hole ich mir eine Zwischenverpflegung am Kiosk, ich muss heute bis acht Uhr abends arbeiten. Von der Sitzbank auf dem Hauptperron aus, einen kulinarisch mittelmässigen Kraftriegel kauend, beobachte ich sie, heimatlos neben ihrem Koffer wartend. Woher kommt sie, wohin führt ihr

Weg? Ist sie eine osteuropäische Hausangestellte oder Altenpflegerin, die während der Pandemie in ihrem Heimatland auf die Ausreise wartete? Ich werde es nicht erfahren, weil ich kein Gespräch gewagt habe.

LÄNDLICHES

Bundesfeier

Auf der frisch gemähten Wiese

Werden die Festbänke allmählich besetzt

Im Gegenlicht der untergehenden Sonne

Suchen die Ankommenden bekannte Gesichter

Am liebsten gleichgesinnte

Für den Notfall tun's auch die Nachbarn

Die Blasmusik darf sich der Westen entledigen

Nicht ganz so formell muss es sein

Die Schlange am Verpflegungswagen

Überfordert den Grillchef

Der im richtigen Leben Hauswart ist

Die Dorfprominenz findet sich händeschüttelnd

In der Nähe des Rednerpults

Ein stoffgewordenes Schweizerkreuz

Bläht sich im Abendwind

Kantons- und Gemeindewappen daneben

Kinder wuseln herum

Balgen sich wie junge Hunde

Mit dabei

Der zahlreiche Nachwuchs der strahlenden Jungbäuerin

Eingeheiratet

Hat sie ihren Platz in der Gemeinschaft gefunden

Bei der Landeshymne

Steht man auf

Begrüssungsworte des Gemeindepräsidenten

Die niemand hört

Der Lautsprecher versagt seinen Dienst

Der DJ hilft aus

Dann die Ansprache

Ein Nationalratskandidat der meistgewählten Partei

Zählt die Slogans seiner Wahlkampagne auf

Die hintersten Ränge verstehen nichts

Sie haben ihre eigenen Themen

Im Hintergrund knallen die ersten Feuerwerke

Man nimmt's gelassen

Freut sich auf die Fischknusperli

Und ein kühles Glas Weissen

Oder auf den Funken und die Raketen

Alphorn und Fahnenschwingen

Runden das Programm ab

Immerhin

Wurde etwas organisiert

Was hätte man sonst

An diesem Abend gemacht?

Dialekt

Da bin ich als Tösstalerin mitten im Oberthurgau gelandet und geblieben. Nach so vielen Jahren in der Ostschweiz geht mir heute noch das Herz auf, wenn ich den dunklen, warmen Dialekt des Tales höre. So wie kürzlich bei einer beruflichen Begegnung. Bereits als ich den Namen las, dachte ich, ich könnte die Person kennen. Aus dem Turnverein des Nachbardorfes damals. Sobald sie zu sprechen anfing, war es klar. Der winzige Vertrauensvorschuss sei mir verziehen. Zurückhaltend-herzlich-distanziert, die übliche Umgangsform in dieser rauen, verwunschenen Ecke zwischen schattigen Wäldern, kann irritieren – ich verstehe.

Quelle

Der Himmel ist blau wie im Frühling. Tief atme ich die ahnungsvolle Luft ein, um sie, nachdem ich sie gekostet habe, mit einem lautlosen Seufzer loszulassen.

Der frühe Abend kündigt sich an. Bald werden die Menschen nach Hause gehen. Alle streben sie an ihren Ort der Geborgenheit.

Auch ich. Drinnen die Stube, die Küche, das Bett. Draussen der nahe Wald, wie oft hat er mich aufgenommen, meine Jauchzer geteilt, meine Tränen behütet. Von ferne glitzert der See, mal lieblich lockend, dann wiederum bedrohlich aufschäumend, grau in grau, sich im Horizont verlierend.

Doch das Gefühl bedingungsloser Vertrautheit will sich nicht einstellen, eine bittersüsse Sehnsucht ergreift mich, nach einem Zuhause, das eine Kindheit lang das einzig mögliche war.

Die Erinnerung ist wie eine Quelle, die den Bach nährt und ihn auf den Weg schickt. Sie bleibt in Verbindung, auch wenn die Entfernung stetig zunimmt.

Töss

Meine Lebensader von Anfang an, einen Steinwurf nur von unserem Heim entfernt. Sie fliesst über bunte Steine, die in schattigen Tobeln aus den Nagelfluhfelsen in die Quellbäche bröckeln. Deren wechselnde Gesichter begleiteten meine Kindheit. Am liebsten waren mir die klaren Wellen im Sommer. Sie glitzerten verheissungsvoll und lockten zum Bad.
Das tiefgrüne Wasser unter den Schwellen nötigte uns allen Mut ab, um hineinzuspringen. Fische und Insektenlarven belebten den Untergrund. In heissen und trockenen Sommern schrumpfte das Gewässer zu einem trüben Rinnsal, das nach verfaulten Algen stank. Dann wieder konnte die Töss – die Tosende – nach tagelangen Niederschlägen bedrohlich ansteigen. Die milchkaffeebraune Brühe schleppte allerlei Geäst und Unrat mit sich. Einmal sogar, wie unerhört, trug sie unseren nachtblauen aufblasbaren Nivea-Ball von dannen. Ich starrte ihm nach und bedauerte, dass er nicht mehr zu retten war. Mit Schaudern betrachtete ich die Reissende alsbald aus dem Stubenfenster und stellte mir vor, wie schnell man darin ertrinken konnte. Im Schutz der in milden Farben getäfelten Wände erfand ich meine eigenen dramatischen Geschichten dazu. Im Winter erstarrte die Dame zu Eis, sie schien sich von den sommerlichen Wechselspielen zu erholen. Doch richtig zur Ruhe kam sie nicht. Wir Kinder konnten es kaum erwarten, über die weisse Kruste zu schlittern, oft genug brach sie unter unseren Füssen ein. Die Schelte war uns gewiss, wenn wir durchnässt und aus schweren Winterkleidern tropfend nach Hause kamen. Trotzdem versuchten wir es am nächsten Tag erneut, man wusste ja nicht, wie lange die Pracht erhalten blieb und wann das Tauwetter den Zauber zerstörte. Wir brachen mächtige Stücke aus der Eisdecke und staksten sie

mit Haselstecken wie Flosse über die träge sich kräuselnden Wellen.

Nun bin ich längst weggezogen. Was bleibt? Der Fluss windet sich weiterhin durch das von bewaldeten Hügeln umfasste Tal. Weder die neuen Häuser noch der zunehmende Verkehr können seinem Charakter etwas anhaben. Wer in sein Bett steigt, vergisst die Zeit. Noch jedes Mal, wenn ich im Zug von Winterthur nach Zürich fahre, vergewissere ich mich, dass wir die Töss überqueren und das Ufer für ein paar Atemzüge streifen, und sende einen stillen Gruss ins Tal hinauf.

Das Ende einer Flucht

Ich werde diesen Tag nie vergessen. Es war der 3. Dezember 2013. Wir stiegen aus dem Flugzeug. Eine fremde Kälte schlug mir ins Gesicht. Auf beiden Seiten der offenen Gangway standen Polizisten, die Hände hinter dem Rücken. Jedem stand eine Rauchwolke vor dem Gesicht. Was für ein Land! Man raucht hier freihändig, ohne eine Zigarette im Mund. Welch seltsame Gewohnheiten. Da plötzlich bemerkte ich eine ebensolche Wolke aus meinem Mund aufsteigen. Belustigt stellte ich fest, dass alle Familienmitglieder rauchten. Das war mein Anfang in der Schweiz.

Der Drogist

An ihm war alles weiss. Mein Blick glitt an seinem Kittel hinauf, seine freundlichen kleinen Augen schauten auf mich herunter. Ein bisschen erinnerte er mich mit seinem Gesicht und seiner Statur an einen Elefanten. Nur seine Schuhe waren schwarz. Er konnte ihre Farbe nicht auswählen. Er bedurfte einer Spezialanfertigung. Die Kinderlähmung hatte ein verkürztes Bein hinterlassen. Täglich humpelte er zu Fuss zur Arbeit, über Mittag ging er nach Hause, viermal zehn Minuten. Er war eine würdevolle Persönlichkeit, von jedermann im Dorf geachtet. Gerne wäre er Arzt geworden, doch seine Krankheit verunmöglichte diesen Werdegang. Er führte die Drogerie zusammen mit seiner Frau. Auf seinen Rat konnte man zählen. Freundlich, geduldig, wissend, war er für mich der Inbegriff eines Drogisten.

Nach seiner Pensionierung war es ihm für eine kurze Zeit vergönnt, jeweils mitten am Tag mit seiner Frau den Gemüsemarkt zu besuchen. Er genoss die Rolle als Kunde. Allzu früh ist er plötzlich verstorben. Ich erfuhr davon, als ich von einer langen Reise zurückkehrte.

Heimat?

«Turbenthal … am Ende der Welt, schon der Weg dorthin behagt mir nicht, ich musste dort ein Jahr … könnte nicht dort leben … total abgelegen …»

Gesprächsfetzen vom Nebentisch. Die vier Frauen ereifern sich über die Provinzialität des Tösstals. So kann man die hügelige, bewaldete Landschaft aus Sicht des Oberthurgaus sehen.
Die Augen sind an die Weitsicht zum See und zum Alpstein gewöhnt und blind für fremde Reize. Schade. Seltene Blumen, schattige Tobel, kühle Wasserfälle, befreiende Höhen und knorrige Charaktere wären zu entdecken. Meine ersten Lebensschritte waren in diese raue und beschützende Umgebung gebettet.

Ich machte den umgekehrten Weg, rümpfte die Nase über den Jaucheduft, beklagte den Nebel. Doch ich fand Menschen, öffnete meinen Blick zum grossartigen See, der sich bis ins ferne Ausland dehnt, erfreute mich an den blühenden Obstbäumen, liess mich vom nahen Eichenwald aufnehmen. Hier wuchsen meine Kinder auf, sie wurden zu Thurgauern. Meine Seele brauchte Zeit, bis sie hierhin gehörte.

Land-Spaziergang im November

Die Helligkeit ersehnen, die spärlich durch eine graue Wolkenschicht dringt. Das Gemüt sucht offenes Land, doch die Kapuze, welche die Ohren vor dem Wind schützt, engt den Blick ein. Die Obstanlage wird neu bepflanzt, von fremden Landarbeitern, die schlabbrige Trainerhosen tragen und Gummistiefel. Ein Autoradio ist aufgedreht. Der Bauer dröhnt mit seiner übergrossen Schleppschlauchmaschine vorbei. Jauche. Ich trete auf die Seite, in die Wiese. Vorsicht beim Überqueren der Hauptstrasse. Die kurzen Abstände zwischen den vorbeibrausenden Fahrzeugen erlauben lange kein Durchkommen. Kaum ist es rechts frei, kommen sie von links. Irgendwann gibt es eine Lücke. Am unverdrossenen Birnbaum vorbei, der es schafft, in allen Jahreszeiten schön zu sein. Heute beeindruckt er mit seinem filigranen Astwerk.

Ist der Hund beim abgelegenen Hof immer noch so aggressiv? Ich sollte es wieder einmal versuchen. Vielleicht ist es ja besser geworden. Nein, jetzt rasen die Hunde zu zweit auf mich los, umkreisen mich, um von hinten nach meinen Fersen zu schnappen, schwarz-weiss-braune Blessmischlinge. Irgendwo hinter der Hausecke eine gellende Stimme. Die Biester gehorchen ihr nicht, hätte mich auch verwundert. Die Bäuerin schaut mich an, entschuldigt sich nicht. Ich schweige genervt.

Wie eine Fata Morgana treten zwei Reiter aus dem Wald und verraten mir, wo der Weg in den Forst hineinführt. Je weiter sie sich entfernen, desto alltäglicher wirken sie und werden von der Banalität der disziplinierten Erde verschluckt. Eine Ecke Wald noch, das gönne ich mir. Ein Spaziergänger mit Hund kommt mir entgegen. Ich fühle mich gleich etwas ausserirdisch,

ohne Begleittier und also ohne ersichtlichen Grund angesichts des ungemütlichen Wetters zu spazieren.

Am Waldausgang weiden Rinder, eine bunt gemischte Herde mit säugenden Kälbern, ihren gemächlich-stolzen Müttern und Stieren jeden Alters, Locken auf ihren breiten Schädeln tragend. Der Landwirt, dessen Hofladen ich regelmässig aufsuche, sitzt auf der Bank und geniesst den Anblick seiner Tiere. Er musste kürzlich ein Hüftgelenk operieren. Ohne Krücken hat er es bis hierhergeschafft. Die Wunde verheilt gut.

Die schmale Strasse, die mich ins Dorf zurückleitet, wurde einst geteert, weil das viel sauberer sei als Schotter. Heute ist der Weg voll klebriger Schollen. Über das Feld rumpelt die Zuckerrüben-Erntemaschine. Ein Teil der Ausbeute liegt am Feldrand zum Abtransport bereit. Die Rüben haben keine Zeit, um nach Erde zu riechen. Fast vergesse ich, wie es sich anfühlte, die riesigen Wurzeln aus dem Boden zu buddeln, sie am Kraut festzuhalten und mit dem Messerrücken zu putzen, dann das Kraut zu entfernen und die Knollen auf einen Haufen zu werfen. Pro Rübe ein Würfelzucker, erklärte damals der Bauer. Und wie der frisch gepresste Süssmost durch die Kehle rann. An meinen Stadtschuhen klebt die lehmige Erde, ich werde sie am Rasen abstreifen müssen.

MAGISCHES

Gartenfest

Ein Tropfen berührt meinen linken Unterarm. Vielleicht stammt der Spritzer vom Ahorn, in dessen Schatten ich mich gesetzt habe. Es ist immer noch ungewöhnlich warm für die Jahreszeit. Gläserklirren, fröhliches Stimmengewirr. Küsschen da, Small Talk dort. Wieder ein Tropfen, diesmal aufs rechte Knie. Möglicherweise vom Prosecco, den ich unverhofft in der Hand halte. Man entschuldigt sich dafür, dass man meinen Namen sofort wieder vergessen wird. Vorsätzliche Ignoranz. Meinen Platz unter dem Baum habe ich nicht verlassen. Ich spüre Feuchtigkeit am Rücken. Schwitze ich? Das Buffet ist eröffnet. Eine Traube von Menschen drängt sich um den Tisch. Ich mag nicht mittun. Es wird schon etwas für mich übrigbleiben. Morgen jammern sie, weil sie zu viel gegessen haben. Ein Rauschen jagt durch das Blätterwerk über mir, plötzlich prasselt ein Schauer nieder. Immerhin befinde ich mich unter dem schützenden Baum. Ich erwarte einen Aufruhr unter den noch selbstzufrieden Kauenden. Nichts tut sich. Anscheinend regnet es dort nicht. Nur ich fühle mich ziemlich begossen. Der Regen hat sich bei mir niedergelassen. Jemand kommt auf mich zu. «Bist du in den Schwimmteich gefallen?» Es gehört sich nicht, nass zu sein, wenn die Sonne scheint. Mein Körper zeichnet sich deutlich unter den Kleidern ab. Ich fühle mich nackt.

Die Voliere

Es war einmal ein Bauer, der Vögel über alles liebte. Er besass eine grosszügige Voliere, die von allerlei Gefieder bevölkert wurde. Abgesehen von ein paar Streitigkeiten zur Klärung der Hackordnung herrschte emsiges, friedliches Treiben. Jeder Vogel wusste, was seine Aufgabe war: Die Eule überblickte das ganze Gelände und sorgte mit ihrer Weisheit für Friede und Eintracht. Der Papagei war für die Kommunikation zuständig, der Specht baute die Wohnstätten, der Adler berichtete von der grossen weiten Welt, denn ihm waren gelegentliche Ausflüge erlaubt. Der Paradiesvogel brachte mit seiner Fantasie Farbe in die gefiederte Gesellschaft. Der Pfau war der Unzufriedenste, weil seine Pracht zu wenig bewundert wurde. Es störte ihn auch, dass die Eule so viel nachdenken musste, anstatt schnelle Entscheidungen zu fällen.

Nun trug es sich aber zu, dass der Bauer eine schlechte Ernte hatte und ausser Landes gehen musste. Ein reicher Adliger übernahm an seiner Statt. Der Eule gefiel der eitle Geck gar nicht, deshalb entflog sie. An ihre Stelle setzte sich der Pfau. Er nahm sich einen jungen Güggel zur Seite und rief sogleich neue Regeln aus: Sprechverbot für den Papagei, nur noch geräuschloses Hämmern für den Specht, dem Adler wurden die Flügel gestutzt, und der Paradiesvogel musste einen grauen Schleier tragen. So hörte man tagein, tagaus die Befehle und das Krächzen des Pfaus, das vom jungen Güggel sekundiert wurde, und man konnte seine Federn von Weitem leuchten sehen. Wer nicht gehorchte, der wurde beim jungen Adligen angeschwärzt und musste in der Folge das Nest verlassen, einige gingen auch von sich aus. So blieb nur noch ein kleines Häufchen übrig, das der Güggel mit Küken ergänzte. Von ihnen hoffte man, sie würden die Regeln besser annehmen als die alten Vögel.

Die Verstossenen und Entflohenen aber fanden nach und nach neue Plätze. Die Eule liess sich auf einem anderen Bauernhof nieder, der Papagei wurde Radiosprecher, der Specht ging als Zimmermann auf die Walz, dem Adler wuchsen die Flügel nach und er wurde Fluglehrer, der Paradiesvogel eröffnete ein Kunstatelier.

So lebten alle glücklich und zufrieden. Was aber aus den Küken wurde, ist nicht bekannt.

Die Wunderblume

Es war einmal ein Gärtner, der jedes Jahr eine neue Blume pflanzte. Im ersten Jahr wuchs eine weisse Lilie heran. Die zweite Pflanze blühte grün, das mutete ihn ein bisschen seltsam an. Er liess sich jedoch nicht irritieren und pflanzte eine dritte Blume, das war eine rote Rose. Das gab ihm neue Hoffnung, und er zog eine Sonnenblume auf, die alle anderen überstrahlte. Zuletzt war da noch ein himmlisches Vergissmeinnicht, sein absoluter Augenstern.

Er betrachtete sein Werk voller Stolz. Wäre da nicht die schäbige grüne Blüte gewesen, es hätte zu seinem Glück nichts gefehlt. Er hütete den Flecken Erde wie seinen Augapfel. Niemand ausser ihm durfte seine geliebten Blumen pflegen, nur er wusste, was sie brauchten. Er goss sie mit bestem Regenwasser und gab einer jeden den passenden Dünger. Einmal spottete ein Nachbar über seinen eigenartigen Blumengarten. Wütend sprang der Gärtner über den Zaun, und es gab eine wüste Schlägerei. Insgeheim gab er der grünen Blume die Schuld an der Schmähung. Er ertappte sich dabei, dass er sie oft beschimpfte, weil sie ihm seine Fürsorge so gar nicht dankte. Durch die lieblose Behandlung verkümmerte sie immer mehr und bedeckte ihre verborgene Schönheit. Sogar die Nachbarskinder durften ungestraft auf ihr herumtrampeln.

Eines Tages kam ein Fremdling und wollte dem Gärtner die grüne Blume abkaufen. Das erstaunte den Besitzer sehr, doch war es die einzige seiner Kostbarkeiten, die er wegzugeben bereit war. Nachdem der Käufer sie ausgegraben hatte, trug dieser die grüne Blume nach Hause und setzte sie in einen goldenen Topf am Fenster. So hoffte er, dass sie sich erholen würde, denn er merkte wohl, dass sie ein geschundenes Geschöpf war. Tatsächlich, sie trieb neue Blüten, in denen sich das Gold seines Topfes spiegelte. Diese Erscheinung machte den Mann ganz eitel, und er sprach ihr zu, sie solle noch mehr Blüten machen, um ihm sein Leben zu verschönern und die Bewunderung seiner Freunde zu sichern. Dabei vergass er, sie zu umsorgen. Schon bald vertrockneten die zarten Triebe, und die Blume zog sich zurück, so wie sie es schon früher getan hatte. Das gefiel ihrem früheren Bewunderer gar nicht, und so warf er sie auf den Kompost hinter seinem Haus.

Unterdessen war der Gärtner krank geworden. Um seine Medizin zu bezahlen, musste er alle Blumen verkaufen. Sobald es ihm wieder besser ging, wanderte er durch die Stadt und besuchte all seine Pflanzen. Die Lilie stand auf einem Friedhof, die Rose wohnte in einem Park, die Sonnenblume zierte einen Bauerngarten, und das Vergissmeinnicht leuchtete vor dem Museum. Müde und zufrieden machte sich der alte Mann auf den Nachhauseweg, hatten doch alle seine Lieblinge einen passenden Platz gefunden. Da erfassten seine geübten Gärtneraugen hinter einem halb zerfallenen Gartenzaun eine nie gesehene Pracht. Zart schimmerten ihm alle Farben des Regenbogens entgegen. Eine exotische Schönheit, die goldenen Blütenstaub in ihre schäbige Umgebung verstreute. Sie schien niemandem zu gehören, also nahm er sie mit.

Die besondere Blume vergoldete seine letzten Tage. Er starb, ohne sie erkannt zu haben.

Begegnung im Mondwald

Es war einmal ein Mädchen, das so traurig war, dass es nicht mehr weinen konnte.

«Du bist schwächer als ich», spottete der Bruder auf dem Weg zur Schule, «und schau mal, wie lächerlich dein Röcklein beim Gehen auf und ab wippt!» Wirklich, die Sonne schien den Kindern gar flach in den Rücken, sodass der Schatten ihre Gestalt mächtig verzerrte. Bei jedem Schritt hüpften die Figuren lustig auf und ab. Weil das Schwesterchen ein hübsches Rüschenkleid trug, sah sein Schattenbild viel seltsamer aus als beim Bruder in seinen kurzen Hosen. Von da an mochte das Mädchen kein Röcklein mehr anziehen. Es wollte stark und schnell sein, nicht herzig, und schon gar nicht lächerlich. Es wünschte sich, ein Junge zu sein, mutig und wild.

Das Mädchen kam aber nicht zur Ruhe, deshalb begab es sich in den Wald, wo es einen stillen Ort zu finden hoffte. In der Abendsonne leuchtete ihm ein moosgrünes Plätzchen entgegen. Hier liess es sich nieder, ungeachtet der Flecken, die seine Kleider verschmutzen würden, und richtete sich behaglich ein.

Es musste eingeschlafen sein. Eine feuchte Nase stupste es sanft. Ein Fuchs! Fasziniert von der vollkommenen Schönheit des Tiers, dessen weisse Schwanzspitze ihm den Weg durch die Dunkelheit wies, folgte das Kind einer unsichtbaren Spur, die ihm fremd und vertraut zugleich erschien. Leichtfüssig eilten sie an knorrigen Eichenstämmen vorbei.

In der Ferne schimmerte es hell. Es mutete an wie samtene Milch. Alsbald stand das Kind an einem geheimnisvollen See, der majestätisch im Mondschein glitzerte. Auf der gegenüberliegenden

Seite sah es den Fuchs ans Ufer tappen. Er neigte den Kopf und begann von der Flüssigkeit zu trinken. Da kniete sich das Mädchen nieder, schöpfte mit beiden Händen vom köstlichen Wasser, das mit lieblichen Ringen antwortete, und schlürfte es genussvoll in sich hinein. Ihm war, als hätte es noch nie etwas Edleres getrunken. Der Mondmilchtrank breitete sich in ihm aus und schenkte ihm ein wohliges Gefühl. Plötzlich liefen seine Augen über, und es weinte über seine Versuche, so zu sein wie die anderen.

Noch einmal streifte sie der Fuchs. Er zeigte ihr den Weg zurück, dann verschwand er im Morgennebel. Ihr Zuhause war das gleiche geblieben, doch sie hatte mit sich Freundschaft geschlossen.

Amandas seltsame Heimkehr

Der letzte Bus war längst abgefahren. Eisiger Wind pfiff ihr um die Ohren, als sich Amanda zu Fuss auf den Heimweg machte. Aus Eitelkeit trug sie keine Mütze. Trotzdem war ihre Frisur ruiniert. Die Füsse schmerzten in den rot lackierten Schuhen mit den hohen Absätzen, die sie nicht gewohnt war. Schneeregen setzte ein und kaschierte ihre trotzigen Tränen. Die Klassenparty war ein Reinfall gewesen. Der schöne Amir hatte sie gänzlich ignoriert, und sie glaubte, gehört zu haben, wie ihre Mitschülerinnen hinter ihrem Rücken tuschelten.

Ein aus der Halterung gelöster Fensterladen knallte gegen eine Hauswand. Erst spät bemerkte Amanda deshalb, wie sich von hinten ein eigenartiges Gefährt mit quietschenden Rädern näherte. Es hielt neben ihr an, vorne eine Art Fahrrad, hinten ein Sitz wie in einer antiken Kutsche. Trotz der Dunkelheit nahm sie die bunte Bemalung wahr. Ohne zu zögern, stieg sie ein. Auf dem Sattel sass ein Mann mit Turban und in sommerliches Tuch gehüllt.
«Nach Hause», bat sie ihn.

Ein warmer Lufthauch umfing sie, und der Mann trat in die Pedale. Durch das Gefährt ging ein Ruck, dann glitt es lautlos durch die spärlich beleuchteten Gassen. Amanda wunderte sich über die Leichtigkeit, mit der sie sich fortbewegten. Der Fahrer steuerte geradewegs auf den Fluss zu, keine Brücke war in Sicht. Kurzerhand hoben sie ab, um immer höher aufzusteigen.

Sie wagte einen Blick nach unten. Grüne Wiesen leuchteten im Sonnenlicht. Ein Fest wurde gefeiert. Sanft setzte der fremde Fahrer sie dort ab. Die Menschen kamen angerannt. «A-man-da!», skandierten sie und formten ein Spalier zur Bühne. Amanda durchschritt die so gebildete Gasse und stieg leichtfüssig auf die

leere Tanzfläche und begann sich zur orientalischen Musik zu bewegen. Alle ihre Schulkameradinnen riefen ihr zu, und die anerkennenden Blicke der Jungs spornten sie zu immer kühneren Figuren an. Die Darbietung mündete in tosendem Applaus.

Der geheimnisvolle Fahrer trat ihr entgegen, reichte ihr die Hand und führte sie zurück zur Rikscha. Er trug nun keinen Turban mehr. Sie erkannte die Gesichtszüge von Amir. Warum sie plötzlich einen Schleier trug, wusste sie nicht.

PHILOSOPHISCHES

Hierarchien

Es gibt welche, die oben sind.

Es gibt welche, die unten sind.

Die Unteren sind in der Mehrzahl.

Machtpyramide. Unten braucht es viele, um die Oberen zu tragen.

Die Oberen sind auf die Unteren angewiesen.

Wer würde ihnen sonst Bühne und Publikum sein?

Den Oberen geht es gut.

Geht es den Unteren auch gut?

Sie wissen es vielleicht nicht.

Das ist besser so.

Jeder und jede hat seine Aufgabe.

Alles hat seine Ordnung.

Also sind sie zufrieden.

Wer diese Ordnung nicht akzeptieren kann, stört die Ruhe.

Besser, man passt sich an.

Es bleiben nur wenige Störenfriede.

Mit denen wird man schon fertig.

Am besten ignoriert man sie.

Das hätte gerade noch gefehlt, dass ein paar Chaoten Unruhe stiften.

Man muss auch mal Opfer bringen, sich unterordnen.

Dass man von unten nach oben kommen will, ist ja verständlich.

Am schlimmsten sind die, die das System infrage stellen.

Aussteiger.

Aussenseiter.

Spielverderber.

Die Regeln sind doch klar.

Es ist nicht jeder Mensch zum König geboren.

Creme-Schnitt-en-Ge-Schicht-e

Der harte Boden, ganz unten, manchmal etwas angebrannt, trägt die ganze Last, doch lobt ihn niemand, oft wird er angeknabbert an den Tellerrand geschoben.

Die erste Cremeschicht fühlt sich als etwas Besseres als der Boden. Dass noch eine weitere minderwertige Lage auf ihr lastet, kränkt sie ein wenig. Sie versucht, sich von unten und oben vorteilhaft abzuheben. Lieber schmackhaft und geschmeidig als emporstrebend und spröde.

Die Mittelschicht, so dünn sie ist, hält alles zusammen, eine Art Rückgrat. Gemässigt und zäh und bescheiden. Sie weiss um ihren Wert und stellt ihn nicht zur Schau.

Die obere Cremeschicht ist eigentlich mit der unteren identisch. Sie wird einzig durch ihre Lage geadelt, die sie gerne betont.

Die oberste Blätterteigschicht wird durch den Zuckerguss benebelt. Oder veredelt? Sie glaubt, dadurch besonders wichtig zu sein, dabei ist sie im Grunde so trocken wie ihre Schwestern.

Der Zuckerguss ist die Krönung. Er besitzt keine wertvollen Nährstoffe, das kompensiert er mit Prunk und Glanz. Wer ihn ableckt, dem wird schnell übel. Aber was ist schon eine Cremeschnitte ohne Zuckerguss? Wir lassen uns gerne blenden.

Altersweisheit

Wenn man so ist, wie man nie werden wollte, ist man dann alt?

Nachruf

Sie war stets perfekt gekleidet, ihr Mann war ein Beau, einer zum Vorzeigen, und sie hatte zwei gesunde Söhne. Sie war stolz, dass sie jeweils einen Monat nach der Geburt ihrer Kinder so schlank war wie zuvor. Und nach drei Monaten ging sie abends wieder aus, die Kleinen würden schon schlafen. Bedenken ihrer ängstlichen Freundinnen lächelte sie weg. Sie hatte das Leben im Griff. Sie nahm gar eine Reise nach Ungarn auf sich, um ihre Zähne bleichen zu lassen. Noch im hohen Alter sah sie beneidenswert aus. Die Gespräche mit ihr wurden durch keinen Streit getrübt, weil sie es verstand, elegant an der Oberfläche Konversation zu führen. Schon als junge Frau verbrachte sie ihre Sonntage am Rand des Fussballfeldes, um den Schönsten aller Kicker zu bewundern. Zum Glück traf sie jeweils andere Fussballergattinnen, die ebenso wenig vom Spiel verstanden wie sie, und tauschte mit ihnen Schönheitstipps und Kochrezepte aus. Sie tat niemandem etwas zuleide. Mutig buchte sie eines Tages eine Mittelmeerkreuzfahrt, obwohl sie nicht wusste, ob es ihr gefallen würde. Der Sprung ins Ungewisse hatte sich gelohnt. Es war ja auch nur ein kleines 2500-Personen-Schiff. Die pure Erholung. Das Personal las einem die Wünsche von den Augen ab, es gab gehobene Unterhaltung, die Räume waren so geschickt angeordnet, dass man nichts von den anderen Passagieren bemerkte. Das war wohl der Höhepunkt ihres glücklichen Lebens. Einen grossen Kahn für 6000 Reisende hätte sie allerdings niemals betreten. Nein, da hatte sie eine klare Linie. Und weil sie so anpassungsfähig war, hinterlässt sie kaum Spuren. Wozu auch. Höchstens einen ökologisch bedenklichen Fussabdruck.

Die Ente

Im Sonnenschein döst sie dem Tag entgegen. Ihr grün und blau schimmernder Kopf ist ins eigene Gefieder gebettet. So lässt sie sich vom lieblich schwappenden Seewasser umspülen, ohne den Kontakt zur Steintreppe zu verlieren, die ihr Halt gibt. Es ist ihr Platz; ihre Artgenossen haben sich in gebührendem Abstand niedergelassen – die Hierarchie ist geregelt. Was für ein Leben! Der Tag wird bringen was er eben bringt. Die Touristen hinterlassen genug Brosamen. Wenn sie zu aufdringlich werden, schwimmt man eben davon. Kein Diplom, keine geregelte Arbeitszeit, kein Kopfzerbrechen vor der Garderobe.
Im Augenblick leben.

Organigramm

Wohlgeordnet sitzt jeder und jede in einem Kästchen des Kaninchenstalls. Der Oberhase ganz oben, hat – im besten Fall – einen grösseren Stall bekommen, der seine Wichtigkeit betont. Möglicherweise hat der Oberste seine Gene gestreut, um die Position zu festigen. Obwohl er seine Weibchen nicht selbst aussuchen kann, ist er stolz, von einer höheren Macht auserwählt zu sein. Eingesperrt und doch beneidet, weil sein Name am Schild unter dem Gitter angebracht ist. Andere verschwinden in der Anonymität des Fussvolks, und verrichten ihre tägliche Schwerarbeit, ohne zu murren. Sie fressen dem Patron aus der Hand, bis sie schlachtreif sind. Ein paar besonders schmucke Exemplare dürfen sich im Schönheitswettbewerb vor Publikum präsentieren. Die Perfektesten werden für die Ahnengalerie fotografiert. Der Besitzer heimst das Preisgeld ein. Selten gelingt einem Kaninchen die Flucht. Der Instinkt ist halt bei manchen etwas verkümmert.

Dazugehören

Zu was? Zu wem? Muss man sich das Dazugehören verdienen? Braucht das jeder Mensch, dass er zu jemandem gehört? Dass jemand zu ihm gehört? Im Wort «dazugehören» steckt «zuhören». Es ist wohl etwas aus der Mode gekommen. Was ist das Gegenteil? Ausschliessen, ausgeschlossen werden. Wie unterschiedlich sich die beiden Verbformen doch anfühlen. Ausschliessen – ich fühle mich stark, selbstbestimmt, geschützt. Ausgeschlossen werden – ich fühle mich schwach, fremdbestimmt, ausgeliefert. Ist Ausschliessen ein Menschenrecht? Oder doch eher Dazugehören? Wenn ich meinen Nachbarn nicht mehr grüsse, ist er trotzdem immer noch da. Gehört er jetzt dazu oder nicht? Sicher ist, dass ich dadurch eine Barriere aufbaue. Wenn mein Nachbar mit meinem Schweigen kooperiert, wenn er das Spiel mitmacht, wird aus der Barriere eine Mauer. Fleissig legen wir Stein um Stein darauf, bis wir einander nicht mehr sehen können. Erschöpft von der strengen Arbeit lehnen wir Rücken an Rücken an der Mauer, ganz nah voneinander abgewandt. Ein Teil unserer Seele ist lahmgelegt, besetzt von Hass und Einsamkeitsgefühlen. Wer ist drinnen, wer draussen? Das ist eine Frage der Perspektive.

Kräftige Wurzeln, schlank vernetzt

Mit sich selbst, mit anderen, sie flüstern untereinander, erzählen von der Welt. Ohne Augen, unter dem Boden. Diese Wurzeln sind wie Adern, die auf meinen alternden Händen hervortreten. Schön oder nicht, ich weiss es nicht. Es sind meine Hände. Sie können schreiben, streicheln, tasten. Ungeschickt sind sie auch. Nur rudimentäres Handwerk bewältigen sie – wenn's sein muss. Die Adern sind Zeugen meiner Selbstversorgung.
Im Gegensatz zum Baum bin ich mobil. Doch bin ich nicht auch Gefangene in meinem Körper? Nur durch den Tod kann ich ihn verlassen. Na gut, dann bewohne ich ihn eben, so gut es geht. Der Baum kann sich nicht wegbewegen. Er hat es nicht nötig. Er ist in Kontakt mit der Erde, mit dem Himmel, mit den Artgenossen. Er hat seinen Platz. Und wenn sein Platz prekär ist, es an Nährstoffen fehlt, das Licht zu knapp ist, der Wind ihn rüttelt? Der Baum reckt sich, neigt sich, stützt sich. Das gibt ihm seine besondere, charakteristische Gestalt. Und er bleibt ein Baum.

Seelenverwandtschaft

Wenn wenige Pinselstriche die ganze Tiefe ergründen

Wenn eine zarte Schraffur das Unaussprechliche erklärt

Wenn jemandes anderen Tränen geweint werden

Wenn die Umarmung befreit

Wenn du in des anderen Nähe ganz bei dir bleiben kannst

Wenn über den Ozean hinweg dich die seelische Regung des anderen berührt

Wenn ihr zusammen schweigt

Wenn ihr nächtelang unerschöpflich redet

Wenn ihr wissend neugierig bleibt

Wenn jede Begegnung belebt

Dann haben sich zwei verwandte Seelen gefunden.

Die Farben der Wochentage

Montag: blassblau

Das Privileg des sanften Wochenbeginns. Es bleibt Luft für Vorbereitungen, oft von Vorfreude auf die kommenden Tage begleitet. Taufrisch und jung fühlt sich der Morgen an, selten schwer.

Dienstag: frühlingsgrün

Es ist angelaufen. Ich bin unternehmungslustig, schöpfe aus dem Vollen. Bereit für die schönen Klänge des Lebens. Der Abend kann lang sein, doch reicht die Kraft.

Mittwoch: rot

Die Wochenmitte pulsiert. Es läuft von selbst. Besondere Unternehmungen finden statt. Es sind Wendepunkte möglich.

Donnerstag: blaugrau

Es könnte regnen. Was nicht aufgegleist wurde, wird auf später verschoben. Wie wird das Wochenende sein?

Freitag: orange

Die Essenz der Woche sammelt sich. Satt und nicht alltäglich leuchtet die Farbe des Sonnenauf- und -untergangs. In ihrem Widerschein schimmern die vergangenen Tage.

Samstag: grau

Loslassen. Den Händen und dem Geist fehlt die Tätigkeit. Was macht Sinn?

Sonntag: sonnengelb

Der weite Himmel lockt in freie Höhen oder es gibt Zeit für kulturelle Leckerbissen und schöne Begegnungen mit lieben Menschen.

Abbrüche

Manche Menschen tun so, als ob ihre Vergangenheit nie existiert hätte, verleugnen sie. Ist dies wahre Befreiung? Bleibt da nicht ein Amputationsschmerz?

Und wenn ich Teil dieser Vergangenheit wäre, wird mir denn nicht ungefragt etwas weggenommen?

NACHDENKLICHES

Quasselstrippe

Wie wunderbar die Doppelkonsonanten das Wesen dieses Begriffs betonen. Das Doppel-s für das Plätschernde, das wie die vom Wind gekräuselten Wellen des stetig an die Ufermauer klatschenden Wassers das Gehör berieselt, das Doppel-p für die Kettfäden, um die sich die unablässig gesponnenen Worte schlingen. Eine Quasselstrippe ist vorzugsweise eine Frau, die einen wohlig einlullenden Geräuschteppich ausbreitet, leichte Unterhaltung bietend; ihr Plaudern hat eine Sogwirkung, der man sich nach kurzem Widerstand gerne hingibt. Es ist eine hohe Kunst, scheinbar endlos und ständig variierend zu erzählen und so anderen das Gefühl zu vermitteln, in Gesellschaft zu sein. Dass man keine Antworten zu geben verpflichtet ist, wirkt befreiend.

Stille Begleitung

Wo immer ich unterwegs bin, ist sie dabei. Ich kann nicht ohne sie sein. Sie ist ein Teil von mir geworden. Es gibt Menschen, die mich ihretwegen von Weitem erkennen. Sie schützt meine körperlichen Unzulänglichkeiten vor zudringlichen Blicken. Sie wendet die Kälte ab und lässt den Wind aussen vor. Brennt die Sonne zu stark, bedeckt sie meine empfindliche Haut. Stumm und treu begleitet sie mich. Auf der feuchten Wiese oder auf dem kalten Stein bildet sie ein trockenes, isolierendes Polster. Nur selten verlangt sie etwas Zuwendung und Pflege. Dann behandle ich Flecken oder kleine Risse, die sie an meiner Statt abbekommen hat. Zu Hause wartet sie geduldig auf ihren nächsten Einsatz. Vom vielen Tragen abgewetzt, begleitet sie mich nunmehr in den Garten oder in den nahen Wald. Schweren Herzens werde ich mich eines Tages von ihr trennen. Wo sind die fleissigen Hände, die meine Jacke genäht haben?

Im Alter

Der Tisch ist grösser geworden.

Sie muss lauter sprechen, dass er sie hört.

Es gibt nicht viel zu sagen.

Er fängt einen Satz an, sie beendet ihn.

Die Konfitüre im halb geleerten Glas wird schimmlig.

Früher musste man keine Lebensmittel wegwerfen.

Die Buchstaben sind geschrumpft.

Die Treppenstufen höher.

Der Weg zum Briefkasten beschwerlich.

Die Briefe rar.

Meistens sind es Todesanzeigen.

Der letzte Sonnenuntergang

Die Sonne verschwindet hinter dem Wald. Die Motorsäge brummt noch immer. Die Männer haben ganze Arbeit geleistet. Der Platz ist geräumt. Jetzt kann das alte Haus ungehindert abgebrochen werden. Die frühere Bewohnerin wartet im Pflegeheim auf ihr Ende, verwirrt, ahnungslos. Sie wird ihren geliebten Birnbaum nie mehr sehen. Und er wird keinen Sonnenuntergang mehr erleben. Sein Pulsieren im Einklang mit dem Tagesverlauf und den Jahreszeiten ist erlahmt, das Rauschen der Blätter im Sommerwind für immer verstummt. Bereits haben sie ihn gehäckselt, mit einer dröhnenden Maschine, die ihm erbarmungslos zu Leibe rückte, als wäre der Baum ein gefährliches Wesen, das man für seine Untaten bestrafen muss. Ein Leben lang hat er geblüht, Früchte getragen, Schatten gespendet, war Zufluchtsort für die bunte Vogelschar. All die kleinen Käfer unter seiner Rinde wurden um die Geborgenheit ihres Winterquartiers betrogen. Vernichtet, um Neuem Platz zu machen. Neuen Häusern, langweilig wie aus dem Prospekt der Raiffeisenbank, wir machen den Weg frei – frei von störendem Leben, von ungebändigter Natur. Häuser als Investitionsobjekte bringen mehr Geld als ein altersschwacher Birnbaum. Mit dem Geld kann man sich noch effizientere Zerstörungswerkzeuge kaufen, ein grösseres Auto, oder auch einen moderneren Bildschirm. Der Landbesitzer, der alles gekauft hat, grinst vor lauter Vorfreude auf seine satten Gewinne.

Der Baum fehlt. Es bleibt ein Häufchen Sägemehl.
Die einsetzende Dunkelheit verwischt die Konturen.

Innen und aussen

Die Umwelt nach und nach erforschen

Durch Tasten, Schmecken, Sehen, Hören, Riechen

Verführerisch, beglückend

Schmerzhaft, herb enttäuschend

Feindselig und willkommen heissend

So ist sie also

Schon morgen wieder anders

Es scheint ein Gleichgewicht sich einzustellen

Das Leben strömt erträglich

Bis dass ein Abgrund sich eröffnet

Zu spät, um nicht zu fallen

Beim Sturz ins Leere wird gewahr

Das Loch ist drinnen, welch ein Graus

Die Farben sind verblasst

Wozu das alles

War's das jetzt

Zurück geht nicht

Mit gar nichts in sich drin

Das Leben nochmals packen

Es fehlt die Kraft

Der Blick ist trüb

Senkt sich, weil er nicht anders kann, nach innen

Schwarz

Zaghaft ersteht die Innenwelt

In neuem Glanz

Lässt sich bewohnen

Behaglich fast

Die Dramen spielen sich

In anderen Welten ab

Weit weg, sie kümmern nicht

Bis klar wird

Jedes ist ein Teil von ihr

Gehört dazu, auch wenn's mal schmerzt

Was ist ein Wesen ganz für sich

Es fehlt die Resonanz

Die Auseinandersetzung gar

Ermüdet und belebt zugleich

Dem Rückzug folgt die Neugier und so fort

Die weinende Frau

Sie sitzt auf einem Findling am Waldrand und hat einen wunderbaren Ausblick über grüne Wiesen bis hinunter zum lieblichen See, der in der Mittagssonne glitzert. Der Platz ist lauschig und geschützt. Ihre Hände bedecken das Gesicht, die Knie sind leicht angezogen, die Ellbogen darauf aufgestützt. Obwohl sie sich den Ort sorgfältig ausgesucht hat, sieht sie nichts von ihrer Umgebung. Die Idylle ist ausgesperrt. Tränen laufen ihr die Wangen hinunter und bilden einen schützenden Vorhang zur Aussenwelt. Endlich.

Feierabend

Sympathisches Sudoku

Ein Zahlenrätsel

nicht zu leicht

nicht zu schwer

genau richtig

um sich schlau

zu fühlen

Im Sessel

Radio Vorarlberg

gefällige Klänge

Klippen des Tages

schrumpfen im Rückblick

finden sich ein

in der Zeit

SCHLIESSLICHES

Zwei ungleiche Hälften

Milo und Sandrine haben sich am Turnfest kennengelernt.
Milo ist wie die meisten Kunstturner klein, sehr beweglich und muskulös. Auf dem Bodenquadrat durchquert er die Diagonale wie ein Gummiball. Flickflack mit Salto zum sauberen Stand. Und wie er um die Reckstange wirbelt!

Normalerweise finden Kunstturnwettkämpfe in aseptisch wirkenden Turnhallen statt, mit modernsten Einrichtungen und Hightechgeräten. An Turnfesten hingegen herrscht eine spezielle Atmosphäre. Draussen wird gejohlt, es riecht nach Sägemehl und geschnittenem Rasen, nach Sonnencreme auf der Haut und Dul-X, diesem Allerweltsmittel gegen Muskelkater. Aus den Lautsprechern duelliert sich die frisierte volkstümliche Musik der Frauenriege mit dem hektischen Aerobic-Beat ihrer Töchter. Betritt man das Kunstturnerzelt, wagt man kaum mehr zu atmen. Eine eigentümliche Stille umfängt die Anwesenden. Es herrscht konzentrierte Disziplin. Das unterdrückte Hüsteln einer Zuschauerin wird mit irritierten Blicken geahndet. Nach jeder Übung eines Turners starren die fachkundigen Besucherinnen und Besucher auf die Notentafeln, die Nachwuchsathletinnen gewissenhaft mit Metallziffern bestücken und dann hin- und herdrehen, damit alle die Taxierung sehen können. Bei besonders guten Leistungen wird verhalten applaudiert.

Sandrine schleicht sich ins Zelt. Ihr ist der blonde Jüngling schon beim Mittagessen aufgefallen. Sie hat sich sofort seinen blauweissen Trainingsanzug und den Namen seines Vereins gemerkt. Beim Blick in den Festführer hat sie mit Freude festgestellt, dass seine Gruppe heute Nachmittag im Einsatz ist. Sie nutzt ihre Pause anders als ihre Kameradinnen, die sich im Bierzelt vergnügen. Als Milo aufgerufen wird, klopft ihr das Herz bis zum Hals. Unwillkürlich hält sie den Atem an. Das mitgebrachte Erdbeercornet tropft ihr zwischen den Fingern auf den zertrampelten Rasen unter der Tribüne. Selbstbewusst erhebt sich der heimlich Bewunderte von seinem Warteplatz, reibt seine Hände mit Magnesia ein und schreitet auf den Pferdpauschen zu. Locker und doch beherrscht streckt er den rechten Arm hoch, um anzuzeigen, dass er bereit ist. Die Jury bestätigt. Milo schliesst für einen Moment die Augen, atmet hörbar aus und springt federleicht auf das urtümliche Gerät. Diese Kraft, diese Eleganz! Sandrine findet es unglaublich, wie der Turner die Schwerkraft überwindet. Nur ein einziger kleiner Patzer. Nach unendlich scheinendem Wirbeln, Stemmen und Drehen landet Milo sicher auf den Füssen, ohne auch nur mit dem kleinsten Ausfallschritt ausgleichen zu müssen. Sandrine atmet aus. Sie schleckt ihr Eis, das nicht nur von der Hitze zu schmelzen scheint, sondern auch von seinem charmanten Lächeln.

Am Abend herrscht im grossen Zelt ausgelassene Feststimmung. Die wilden Burschen aus dem Oberland hopsen bereits auf den Bänken herum. Es wird geschunkelt und gegrölt. Doch wo ist Milo? Sandrine erspäht das ersehnte blauweisse Vereinstenue mitten im bunten Gewirr. Er tanzt auf der Bühne. Ein Stich fährt ihr ins Herz. Gekonnt führt er eine hübsche, jung aussehende Frau, welche die gleichen Farben wie Milo trägt, durch die mehr oder weniger eleganten Tanzpaare. Es ist nur eine Vereinskollegin, versucht sich Sandrine zu beschwichtigen. Nach den letzten Takten der Livemusik strömen die Leute von der Bühne. Milo lotst die Turnerin zurück an den Platz und setzt sich zu seinen Kameraden.

Ein paar Schluck Bier später fordert die Band zur Damenwahl auf. Sandrine ergreift ihre Chance. Sie weiss um die Wirkung ihrer strahlend blauen Augen. «Darf ich dich zum Tanz bitten?», überrascht sie den jungen Mann. Überwältigt von ihrem erfrischenden Auftreten meint er: «Warum nicht?» Milo steigt über die Bank in den Zwischengang. Galant lässt er die Dame vorausgehen und steuert unter den neidischen Blicken seiner Kameraden auf die Bühne zu. Bewegungsgewohnt sind sie beide, und rasch finden sie zu einem gemeinsamen Rhythmus, bis sie alsbald über die Bretter schweben.

Bevor sie ihre Schlafstätten aufsuchen – sie im Luftschutzkeller, er auf dem Traktoranhänger seines Vereins – verspricht er, ihrer Tanzaufführung am nächsten Morgen beizuwohnen.

Der Auftritt findet auf dem Rasenviereck vor der Haupttribüne statt. Das Damengrüppchen sammelt sich zu einem verschworenen Haufen. Unvermittelt ertönt ihr Schlachtruf. Man verteilt sich leicht fröstelnd in der Morgenkühle an seine Plätze und nimmt die Ausgangsposition ein. Mit dem ersten Takt der Musik verwandeln sich die Mädels in feurige Amazonen. Sandrine besticht durch ihre temperamentvolle Art, ist immer einen Wimpernschlag voraus und überstrahlt die ganze Truppe. Milo ist hin und weg. Diese freche Grazie. Eine augenzwinkernde Strenge geht von der jungen Tänzerin aus, die jeden Widerstand sinnlos erscheinen lässt.

Seit jener denkwürdigen Begegnung waren ein paar Monate ins Land gezogen. Sandrine und Milo, die zuvor noch bei ihren Eltern gewohnt hatten, mieteten eine hübsche kleine Wohnung in der Stadt. Sie hatten beide ihre Berufsausbildung abgeschlossen und konnten sich etwas Anständiges leisten. Sandrines Eltern waren wenig begeistert von dieser Idee. Milo gefiel ihnen nicht besonders, sie fanden ihn einen Angeber, und dass ihre Tochter bereits mehrere Liebesbeziehungen abgebrochen hatte, überzeugte sie auch nicht gerade von der Ernsthaftigkeit des Unterfangens. Aus ihrer Sicht war Sandrine noch nicht reif genug für diesen Schritt. Die bereits verheiratete ältere Schwester war von Anfang an beständiger gewesen, lieblicher und anpassungsfähiger. Milos Eltern nahmen es gelassener. Sie betrachteten seine Entscheidung als natürlichen Übergang ins Erwachsenenleben.

Die jungen Leute genossen die Freiheit. Niemand machte ihnen Vorschriften, abgesehen vielleicht von der Waschküchenordnung, sie mussten selber mit ihren getakteten Arbeits- und Trainingsplänen zurechtkommen. Die Ausgaben teilten sie hälftig untereinander auf. Bei der Hausarbeit erstellte die stets perfekt organisierte Sandrine einen Ämtliplan. Trotzdem wurde der Wäscheberg höher und das Badezimmer schmutziger. Der volle Kehrichtsack blieb auf dem Balkon stehen, auf dem Frühstückstisch fehlte das Brot.

Sandrine fasste sich ein Herz. «So kann es nicht weitergehen», eröffnete sie das Gespräch. Es war einer der seltenen gemeinsamen Sonntage zu Hause. Sie nahm einen Schluck Prosecco und stellte das Glas auf den Salontisch neben dem Sofa. Ein Fussballmatch flimmerte über den Bildschirm. Mit fragendem Blick ergriff Milo die Fernbedienung und stellte den Fernseher auf stumm. Er klaubte die letzten Paprikachips aus der Schale und setzte sich auf. «Sogar der Gummibaum vertrocknet», beklagte die junge Frau. «Wir haben einfach zu viel um die Ohren. Stört es dich nicht, dass so viel liegenbleibt?» Milo fand es auch ungemütlich. Vor allem fand er es schade, dass sie so wenig Zeit zusammen verbrachten. Immer nur Pflichten. Er wand sich ein wenig: «Müssen wir genau jetzt darüber reden?» «Es wird nicht

besser, wenn wir warten», stellte seine Freundin klar.
Was natürlich stimmte. Also begannen sie, über verschiedene
Lösungen nachzudenken.

Eine Putzfrau wollten sie sich nicht leisten, und bei den Eltern
um Unterstützung zu bitten, kam nicht infrage. Den Turnsport
zu reduzieren oder gar aufzugeben war keine Option.
Das Arbeitspensum senken? Milo behauptete, seine Firma würde
das niemals bewilligen. Er war Polymechaniker in einer
traditionsreichen Maschinenfabrik. Sandrine meinte, ihr Chef sei
sehr tolerant und lasse mit sich reden. Sie arbeitete in einer
renommierten Arztpraxis für Gynäkologie. Hier zeigte man
allgemein Verständnis für solche Anliegen. «Prima!», freute sich
Milo. «Dann kannst du an deinem freien Tag den Haushalt in
Ordnung bringen. Und wir werden mehr Zeit füreinander haben.»
«So einfach geht das nicht!», schüttelte Sandrine den Kopf.
«Wenn ich auf achtzig Prozent reduziere, habe ich eine monatliche
Lohneinbusse von 900 Franken. Das bedeutet, dass ich vier
Tage pro Monat Gratisarbeit für uns beide erledige, während du
1000 Franken in deine eigene Tasche wirtschaftest. Wenn du mir
450 Franken pro Monat bezahlst, bin ich zu diesem Deal bereit.
Das wäre die Hälfte meines Lohnverzichts.» Genau genommen
wäre seine Hälfte 500 Franken, denn er verdiente 5000 Franken
im Monat und sie 4500. Doch auf diese Differenz würde
Sandrine verzichten. «Das ist das Mindeste, was ich verlange»,
argumentierte sie. «Wenn ich arbeitslos werde, bekomme ich
weniger Entschädigung, und falls wir uns trennen, habe ich
weniger Erspartes auf meinem Konto als du. Doch mit diesem
Nachteil kann ich leben.» Milo verstand die Welt nicht mehr.
«Schatz, ich stehe den ganzen Tag im Lärm und arbeite hart,
damit wir uns diese Wohnung leisten können. Und jetzt soll ich
dir Geld geben, nur damit wir es ordentlicher haben. Bei einem

reduzierten Pensum hättest du viel mehr Freiheit als ich und könntest dir den Tag selbst einteilen.»

Sie konnten sich nicht einigen. Auch Tage später war kein Kompromiss in Sicht. In der Folge packte Sandrine ihre Sachen und zog aus. Sie nahm in der Tat eine Teilzeitstelle an, jedoch um berufsbegleitend die Matura zu erreichen. Heute ist sie Managerin in der Pharmabranche und leistet sich alle paar Jahre eine Auszeit, um durch die Welt zu bummeln, unabhängig und frei. Während ihrer Trips vermietet sie jeweils ihre Loftwohnung in Basel weiter. Milo arbeitet bei seiner ehemaligen Lehrfirma als Abteilungsleiter, wohnt in seinem Heimatdorf, ist verheiratet und hat drei sportbegeisterte Kinder. Seinem Turnverein ist er treu geblieben.

Macht

Eine Ausbildungsgruppe von 18 Personen, viele davon in Kaderpositionen, lernen seit einem Jahr richtiges Führungsverhalten, Umgang mit Konflikten, Regeln des Coachings und dergleichen. Zwei Jahre des berufsbegleitenden Lehrgangs stehen ihnen noch bevor.

In sogenannten Gruppenprozessen, einer regelmässig durchgeführten Übung, sitzt man im Kreis. Man soll ein Gespräch führen. Kein Thema ist vorgegeben. Oft entsteht erstmal ein peinliches Schweigen. Irgendjemand beginnt zu sprechen, eine andere Person meldet sich zu Wort, es gibt spannungsgeladene Pausen, manche beteiligen sich kaum an der Diskussion und werden deswegen kritisiert, der Gesprächsgegenstand kann plötzlich wechseln, gewisse Impulse werden übergangen, andere weitergesponnen. Das dauert eine Stunde, vielleicht auch länger. Irgendwann sagt die Kursleiterin «Stopp», und der Austausch ist beendet. Das kann mitten in einem lebhaften Wortwechsel geschehen.

Nächste Sequenz: Jede Person erhält fünf Klebepunkte. Auf dem Flipchart sind die Namen aller Teilnehmenden aufgeführt. Es gilt, die Punkte zu den Namen zu kleben, deren Trägerinnen oder Träger nach Einschätzung der Teilnehmenden über viel Macht in der Gruppe verfügen.

Die sehr ungleich verteilten Ergebnisse werden betrachtet. Bei zwei, drei Namen ist eine Häufung auszumachen, ebenso viele haben nur einen bis zwei Punkte erhalten. Ob aus Mitleid oder von sich selbst geklebt, bleibt ungeklärt. In einer entsprechenden Grafik könnte man die Verteilung mittels einer gaussschen Kurve

darstellen, mit einer Ansammlung in der Mitte und wenigen versprengten Aussenseitern am linken oder rechten Rand.

Genugtuung und Bestätigung, Enttäuschung und Kränkung machen sich auf den Gesichtern breit. Die farbigen Punkte zementieren die Macht- oder Ohnmachtposition einer jeden Person in dieser Gruppe. Was unausgesprochen war und deshalb veränderbar schien, wird auf diesen einen Moment fixiert und macht sich im kollektiven Gedächtnis fest.

Und jetzt? Man äussert sich darüber, ob das Resultat den Erwartungen entspricht oder nicht. Auf die Frage eines Teilnehmenden, wie man mit negativen Gefühlen umgehen soll, die allenfalls aufgekommen sind, meint die Kursleiterin, das liege in der Eigenverantwortung jeder und jedes Einzelnen. So wird die Gruppe in die Kaffeepause entlassen.

In den folgenden Monaten fallen einige aus dem System. Sie verlassen den Kurs. Krankgeschrieben, so die offizielle Erklärung. Es braucht wohl nicht gesagt zu werden, ob es diejenigen mit den vielen oder wenigen Machtpunkten betrifft.

Der harte Kern bleibt bis zum Schluss. Die Leute kehren zurück an ihre Arbeitsplätze, mit vielen Ideen zur Personalführung, oder sie gründen eigene Beratungsfirmen, wissend, dass die Welt den Stärkeren gehört. Die Gestrandeten wissen es auch.

Die Midlife Crisis des Peter G

Die Menschenmenge strömt auf den Bahnsteig. Rushhour. Da fällt der gutaussehende Mittfünfziger nicht weiter auf, der sich an das Geländer der Unterführung klammert und dem Impuls widersteht, vor den einfahrenden Zug zu springen. Mit glasigem Blick schliesst er sich der zusteigenden Kolonne an und verdrückt sich ins Erste-Klasse-Abteil. Ruhe. Peter will niemandem begegnen, schon gar nicht den ewig kichernden Kantonsschülerinnen, unter denen sich seine jüngste Tochter befinden könnte. Die Eindrücke aus seiner ersten Stunde mit der Psychologin beschäftigen ihn.

Seit dreissig Jahren bin ich ein beliebter Abteilungsleiter. Ich habe immer alles richtig gemacht, nie gefehlt, und jetzt das. Ich stehe vor dem Team und weiss keine Namen mehr. Was ich vorbereitet habe, ist wie weggeblasen. Totales Blackout. Keine Ahnung, wie ich nach Hause gekommen bin. Meine Frau findet mich auf meinem Bett liegend, von einem Weinkrampf geschüttelt.

Vier Kinder habe ich grossgezogen, alle sind gut herausgekommen. Meine Frau und ich haben schon einige Klippen erfolgreich gemeistert, die Rechnungen sind bezahlt. Wir haben ein Haus mit Garten, stets offen für Gäste, und wissen uns von einem interessanten Freundeskreis getragen.

Zwar haben sie noch nicht über Peters Kindheit gesprochen, aber das wird unweigerlich kommen. Das gehört zu einer Therapie. Darüber hat er schon viel gelesen. Also lieber vorbereitet sein. Sein Vater war der perfekte Posthalter, gewissenhaft und penibel, bis er ausgebootet wurde. Er fand keine Anstellung mehr und zog sich verbittert zurück. Die Mutter litt unter Migräne und war deshalb oft unerreichbar. Der kleine Peter ahnte die Wünsche der Erwachsenen, bevor sie ausgesprochen waren, und gab niemals Anlass zu Sorgen. Das fantasievolle Kind wusste sich zu helfen.

Es baute sich seine eigene Welt auf. Aber was er sich damals ausgedacht hatte, würde Peter niemandem erzählen. Es ist ihm auch heute noch peinlich.

Meine Frau hat ein ausländisches Diplom, deshalb hat sie bis jetzt keine Anstellung gefunden. Es würde mich sehr entlasten, in Zukunft nicht mehr hundert Prozent arbeiten zu müssen. Wir brauchen das Geld für die Ausbildung unserer Kinder und für das Haus. Wir haben kaum Erspartes. Wenn ich mich meiner Firma nähere, bekomme ich Atemnot. Ich kann sie nicht mehr betreten. Es ist ausweglos.

Herr G, es geht bei Ihnen ja darum, herauszufinden, wie es beruflich weitergehen soll. Sie sind körperlich fit und haben eine gute Ausbildung. Sie sind durchaus in der Lage, in naher Zukunft wieder berufstätig zu sein. Um Ihre Perspektive etwas zu öffnen, versetzen Sie sich in Ihre Kindheit. Was haben Sie besonders gerne gemacht? Wovon haben Sie geträumt? Hatten Sie Vorbilder?

Diese Therapeutin ist mir ganz sympathisch. Aber sie macht es sich zu einfach. Es geht mir schlechter, als sie denkt. Sie wollte gar nicht wissen, welche Beschwerden ich habe. Ich kann noch nicht arbeiten. Und diese Fragen. Wovon ich früher geträumt habe. Letzte Nacht habe ich geträumt. Ich wollte zum Zug rennen, fand aber keinen Zugang zum Bahnhof. Ziemlich beschissenes Gefühl. Totaler Kontrollverlust.

Die Freunde, denen Peter begegnet, merken ihm kaum etwas an. Er sieht so aus wie immer. Wer jedoch genau hinschaut, beobachtet seine ungewohnt steifen Bewegungen und seine versteinerte Mimik. Und wer ihm zuhört, dem fällt die Monotonie seiner Stimme auf. Er hat sich noch nicht entschieden, wie er gesehen werden will. Ob er das vertraute Bild des tüchtigen

Vorgesetzten weiterpflegt oder eine neue brüchige Existenz aufbaut. Nur was? Er würde in jedem Fall ein Anfänger sein.

Meine Therapeutin meinte, es sei wichtig, sich mit seinen früheren Wünschen auseinanderzusetzen, so würde ich im besten Fall verborgene Ressourcen entdecken, das könnte mich auf neue Ideen bringen. Wie wäre es, gar nicht mehr Chef zu sein? Ein mitunter befreiendes Gefühl. Die Anerkennung würde ich schon vermissen. Ich weiss noch nicht, was schwerer wiegt. Ich habe wieder geträumt. Wiederum eilte ich zum Zug, ich fand die Unterführung, nahm drei Treppenstufen aufs Mal – und sah gerade noch die Schlusslichter.

Herr G bringt es nicht fertig, über seine Kindheitsträume zu sprechen. Die Therapeutin versteht das. Therapeutinnen verstehen von Berufes wegen alles. Er starrt mit leerem Blick an ihr vorbei. Plötzlich füllen sich seine Augen mit ein wenig Leben. Es fällt ihm ein, dass er schon immer gerne geschrieben hat. Das ist in Ordnung, das kann man erzählen. Er weiss zwar nicht, ob dieses Bekenntnis ihn weiterbringen wird, es verstärkt allenfalls seinen Habitus als gebildete Person. Die Psychologin fordert ihn auf, seine Gedanken aufzuschreiben. Er müsse das Geschriebene ja niemandem zeigen, er könne es nachträglich schreddern oder verbrennen oder was auch immer ihm in den Sinn komme.

Auf dem Nachhauseweg kauft Herr G ein Buch mit unbeschriebenen Seiten und einen edlen Füllfederhalter. Am Abend setzt er sich hin und beginnt, sich mit ebenmässiger Schrift von der Seele zu schreiben, was so lange in ihm geschlummert hat. Da er den Text vernichten wird, seien nur ein paar Stichworte wiedergegeben: Sein Lieblingsbuch als Kind war «Die Rote Zora und ihre Bande». Er wollte sein wie das wilde Mädchen, die Anführerin einer Bande im Kampf für die Gerechtigkeit. In seinen einsamen Stunden pflegte er als elfjähriger

Knabe die Geschichte nach eigenem Gutdünken weiterzuspinnen. Er selbst war die temperamentvolle Heldin. Beim Aufschreiben dieses intimen Geheimnisses steigen in ihm verloren geglaubte archaische Gefühle auf, die seinen ganzen Körper durchfluten.

Angespannt fährt Peter zur nächsten Sprechstunde, die Mappe mit dem Buch fest an sich gedrückt. Eine Katastrophe, läse jemand seine Zeilen. Er würde sich nackt fühlen. Noch im Sprechzimmer klammert er sich an der Tasche fest. Er packt das Buch nicht aus. Zögernd beginnt er zu erzählen, doch er kommt nicht weit. Es geht nicht. Die Therapeutin ermuntert ihn, er solle die Erinnerungen jetzt nochmals lesen. Spüren Sie eine körperliche Reaktion? Herr G schliesst die Augen. Er weiss, dass ihm jetzt die Schamröte ins Gesicht steigt. Im Magen meldet sich ein flaues Gefühl, wie einst auf dem Fünfmeterbrett kurz vor dem Absprung. Seine Brust öffnet sich, ein Kribbeln breitet sich bis in seine Fingerspitzen aus. Da ist wieder diese ungezähmte Rote-Zora-Vitalität, die in der Schreibnacht aufgekommen ist. Sie geht in ein zärtliches Empfinden für ihn selbst über. Mit einem tiefen Atemzug schält er sich am Ende der Sitzung aus dem Sessel. Ein guter Anfang, meint die Psychologin zum Abschied.
Peter wirft vor dem Hinausgehen einen kurzen Blick in den Garderobenspiegel – alles in Ordnung.

Neulich habe ich geträumt, ich sei mit einem Koffer im Schlepptau zum Zug gespurtet. Die Türen des Intercitys standen offen. Während der Zugbegleiter in die Pfeife blies, warf ich zuerst das Gepäck und gleich darauf mich selbst in den Zug. Die Türen schlossen sich, wir fuhren los. Das Ziel war Kroatien. Auf dem Perron standen Bekannte und winkten mir zu. Genugtuung frass mein leises Bedauern über den Abschied auf.

Ehekrise

«Warum isst du nicht?», fragt Isa. «Schmeckt es dir nicht?»

«Das Essen wäre schon gut, aber die letzten zwanzig Jahre…», erwidert Beat mit belegter Stimme.

«Was soll das jetzt? Du hast mich zu diesem Abendessen eingeladen, um mir mitzuteilen…» Ihre Mundwinkel verkrampfen sich. Sie schiebt den Teller weg und verlässt den Tisch. Auf der Toilette schaut sie sich im Spiegel an. Rote Augen, verhärmtes Gesicht. So kann sie sich nicht mehr zeigen. Durch den Hintereingang tritt sie auf den Uferweg.

Ratlos sitzt der Mann vor zwei vollen Tellern. Diskret winkt er den Kellner heran. Seiner Frau sei plötzlich schlecht geworden.

Das Auto steht noch da. Er setzt sich in den Wagen und wartet erst mal ab. Sie wird sich beruhigen und schon bald zu ihm ins Auto steigen. Solche Ausbrüche sind ihm wohlbekannt.

Aber sie kommt nicht. Seine Whatsapp-Nachricht bleibt unerwidert. Mit einem ungutem Gefühl im Magen fährt er nach Hause. Niemand ist da.

Die Frau eilt unterdessen durch die stürmische Nacht. Dann lässt sie sich mit dem Taxi ans andere Ende der Stadt fahren, zu ihrer Schwester. Diese kommt im Nachthemd an die Tür, umarmt sie wortlos.

«Es ist aus zwischen Beat und mir», haucht Isa. «Was ist passiert?», fragt Carla.

«Ich erzähle es dir morgen. – Kann ich bei dir duschen? Ich fühle mich hässlich.»

Später vielleicht

«Heute ist Mama gestorben. Vielleicht auch gestern, ich weiss es nicht.» Nino kratzt sich am Kopf. Was diese Lehrer sich ausgedacht haben. Neunzig Minuten für einen Aufsatz. Der Anfang ist gegeben. Weltliteratur. Da kann das Eigene nur schlechter werden. Ich bin nicht Camus. Wenn der wüsste, dass sein genialer Anfang für eine Prüfungsnote missbraucht wird. Und nicht einmal in der Originalsprache. «Aujoud'hui, maman est morte. Ou peut-être hier, je ne sais pas.» Das tönt viel tiefgründiger, das hat Atmosphäre, lässt Tragik erahnen. Moll mit Disharmonien. Nebelschwaden. Ach, man wirft Perlen vor die Säue. Wer kennt schon die Grossartigkeit dieser Erzählung. Meine Kollegen haben auf den Hundertstel genau ausgerechnet, welche Note sie brauchen, um nicht provisorisch promoviert zu werden. Sie wissen genau, dass man nur wenige Adjektive verwenden soll. Helvetismen und monotone Satzanfänge sind zu vermeiden. Selbstverständlich soll man keine Rechtschreibfehler machen, die Kommas am richtigen Ort setzen und mindestens zwei Seiten füllen. So hat man die genügende Note auf sicher. Wie hat wohl Camus schreiben gelernt? Einmal im Monat zwei Seiten in neunzig Minuten? Was für ein Witz.

Draussen schwanken die vom Herbststurm geschüttelten Äste des Ahorns vor dramatischen Wolkengebilden. Der Himmel ist so wild und unbezähmbar wie vor Jahrhunderten, am Boden hingegen, der von hier aus nicht zu sehen ist, findet sich kein Stoff für grossartige Geschichten. Mit forschendem Blick versucht Nino, sich die Wirklichkeit der Welt in das Vakuum der wohlaufbereiteten Bildungspläne zu holen. Wäre er ein Waisenkind, dann wüsste er, wie sich Tod und Verlassenheit anfühlen. Er müsste nicht lange überlegen. Insgeheim schämt er sich für seine wohlbehütete Kindheit.

Er beginnt zu schreiben: «Heute ist Mama gestorben. Vielleicht auch gestern. Diese Sätze sind wie ein Fremdkörper hier.
Fast nie stirbt jemandes Mutter aus dieser Schule. Die Gesundheitsversorgung ist hervorragend und teuer. Wir können es uns leisten. Und man wüsste die Todeszeit auf die Minute genau, so wie man das Horoskop dank der exakten Geburtszeit entschlüsseln kann. Ob darin bereits die Sterbestunde festgelegt ist? Das bleibt hoffentlich ein Geheimnis. Es *gibt* noch die unverhofften Tode. Wer als Kind so etwas erlebt, dessen Chance, an diese Schule aufgenommen zu werden, sinkt gegen Null. Das hat verschiedene Gründe. Zuallererst schafft es kaum jemand, die Aufnahmeprüfung zu bestehen, ohne zu pauken. Das braucht gebildete Eltern, Zeit und Geld. Ausser man ist ein Genie. Obendrein ist hier alles so trocken, herzlos und verkopft, dass ein normal fühlender Jugendlicher nur überleben kann, wenn er zu Hause so etwas wie Geborgenheit erlebt. Wenn ich mich in der Klasse rumschaue, stelle ich fest, dass alle in einem Eigenheim leben, mit Ausnahme unseres Quotenausländers aus Portugal, dessen Sippe einen halben Wohnblock bevölkert – Nestwärme inklusive. Und die Lehrpersonen halten es nur aus, wenn sie eine Schutzschicht aus Staub ansetzen. Was wird aus uns, wenn wir die heiligen Hallen des Wissens verlassen? Wir sind die Elite, wir werden die Welt weiterbringen, das wird uns eingetrichtert. Ihr seid die künftigen Leader. Wir werden Firmenchef, Bundesrat oder Managerin. Heute tragen wir zerlöcherte Jeans, morgen Nadelstreifen und Deuxpièces. Wir werden etwas erreicht haben in unserem Leben. Wenn wir sterben, wird eine ganze Zeitungsseite mit unseren Todesanzeigen gefüllt, weil wir bedeutende Persönlichkeiten gewesen sein werden.

Unsere Biografien jedoch wären seichte Literatur, keine Dramen, nicht wert, aufgeschrieben zu werden. Ich wünsche uns keine Katastrophe, nein, denn sie ist schon da, in Form eines vorgespurten, genormten Lebens. Ich hoffe, diese Schulzeit möglichst unbeschadet zu überstehen, um später – vielleicht – das wahre Leben kennenzulernen.»

Der Sturm hat sich gelegt, leichter Schneeregen hat eingesetzt. Nino überfliegt den Text. In fünf Minuten muss er ihn abgeben, da bleibt keine Zeit mehr, etwas zu ändern. Nach dem Ertönen des Pausensignals rappeln sich die Jugendlichen von ihren Sitzen hoch und schlendern auf die verregnete Terrasse, die durch das Zimmer im vierten Stock zugänglich ist. Niemand scheint den Ausblick über die Dächer der Altstadt zu beachten. Man hofft auf eine gnädige Notengebung, Aufsätze sind Ermessenssache. Und morgen ist Physiktest, da gibt es nur richtig und falsch. Zum Glück darf man das Formelheft benutzen. Noch eine Lektion heute. Es dunkelt schon ein.

Nach dem Schulschluss zerstreuen sich die jungen Menschen in alle Richtungen. Nino beeilt sich, um den früheren Zug zu erreichen. Er möchte vor dem Handballtraining noch Zeit haben, um etwas zu essen. Beim Bahnhof steht wie immer der Rosenverkäufer. Seine Blumen leuchten wie ein Anachronismus im grauen Novemberabend. «Dieser Mann hatte wohl ein bewegtes Leben», blitzt es Nino durch den Kopf. «Ich sollte ihn nach seiner Geschichte fragen. Später vielleicht. Der Zug fährt gleich.»

In der darauffolgenden Woche wird Nino zum Rektor zitiert. Noch nie ist er dieser Autorität so nah gegenübergetreten. «Nehmen Sie Platz», gebietet dieser. Die Fältchen um die Augen des Schulvorstehers sind dem Schüler bisher nicht aufgefallen.

Er ist eindeutig älter als Ninos Vater. Der Rektor räuspert sich. «Junger Mann, entweder sind Sie ein Revoluzzer oder einfach nur naiv. Was wollten Sie mit Ihrem Geschreibsel ausdrücken? Mit einer solchen Einstellung sind Sie dieser renommierten Schule nicht würdig.» Die Möbel in diesem Büro haben ihre beste Zeit hinter sich. Sie waren einmal erlesen und teuer gewesen. Nino richtet sich auf seinem Holzstuhl auf. «Ich lebe in einem Land, in dem man seine Meinung frei äussern darf. Davon habe ich Gebrauch gemacht. Es ist mir schlicht nichts anderes in den Sinn gekommen, und nach neunzig Minuten musste ich den Aufsatz abgeben.» «Freie Meinungsäusserung in Ehren, mein Lieber, aber Beleidigungen gehen gar nicht. Merken Sie sich das. Sie beleidigen unsere Schule und das Personal. Seien Sie dankbar für diese hochstehende Ausbildung, die Ihnen hier zuteilwird. Ich gehe davon aus, dass dies ein einmaliger Ausrutscher war. Im jugendlichen Leichtsinn kann so etwas passieren.» Nino schluckt leer. Der ältere Herr erhebt sich und weist ihn unmissverständlich zur Tür.

An eine Rückkehr in die Klasse ist im Augenblick nicht zu denken. Nino starrt auf seine abgewetzten Schuhspitzen, die ihn wie von selbst zum Bahnhof hinunterführen. Sinnierend lässt er sich auf einer Wartebank nieder. An der Ecke steht der Blumenverkäufer. Nino zögert. Schliesslich nähert er sich dem Mann und kauft ihm eine Rose ab. Mutter wird sich wundern.

NACHWORT

Ein nicht alltäglicher Blick auf das Alltägliche – das bringt mich zum Schreiben. So könnte man diese Texte aus den Jahren 2016 bis 2020 charakterisieren. Auf einsamen Streifzügen, bei denkwürdigen Begegnungen und in anregenden Schreibkursen haben sich Geschichten angesammelt. Eine Auslese davon habe ich nun freigegeben. Sie gehen auf Reisen und kommen zu Ihnen oder zu dir auf Besuch, als ersehnter, willkommener oder überraschender, gar ungebetener Gast. Wie und wo sie ankommen, liegt nicht mehr in meiner Hand.

Ich danke allen, die mein Schreiben gefördert haben: meinen Eltern, meiner Unterstufenlehrerin, meinen Kursleiterinnen und allen anderen. Eine präzise arbeitende Lektorin, eine mir freundschaftlich zugewandte Grafikerin und eine aufstrebende Illustratorin waren an der Vollendung dieses Buches massgeblich beteiligt. Ihnen allen gilt mein herzlichster Dank. Und natürlich meinem Mann, der mich bekochte und störende Nebengeräusche eliminierte, damit ich mich konzentrieren konnte.

Katharina Michel